Epístolas de la Prisión
EFESIOS, FILIPENSES, COLOSENSES Y FILEMÓN

The Aguillon Family Foundation
Dr. Teófilo J. Aguillón

Epístolas de la Prisión

Efesios, Filipenses, Colosenses y Filemón

Texto impreso del comentario virtual de

labibliacontinentalad.com

The Aguillon Family Foundation

PALABRA PURA
palabra-pura.com

2025

Editores:
Pbros. Elizabeth Ramírez R., Luis Fernando Caballero C., Joel Aguirre G., Meribah García Texon, David L. Aguillón.

Editor general:
Dr. Teófilo J. Aguillón

Escritores:
Pbros. Fabián López Hernández, Luis Fernando Caballero Castillo, Zabby Elie Martínez Velásquez, Dora Iliana Regalado de Ramírez, Joel Aguirre Grajales, David Medina Pérez, David González Martínez, Meribah García Texon, Ernesto Balcázar Contreras, Iván López Pérez, Ana Laura Uribe Sastré, L. Cristina Jiménez Bacelis, Raquel Rivera Jiménez.

Diseño y relaciones públicas:
Joel Aguillón, Rubén D. Aguillón Eduardo Canché y Kelly G. Palomo

Diseño del libro y gestión:
Editorial Palabra Pura
autores.palabra-pura.com

EPÍSTOLAS DE LA PRISIÓN: EPÍSTOLAS DEL APÓSTOL PABLO A EFESIOS, FILIPENSES, COLOSENSES Y FILEMÓN Copyright © 2025 The Aguillon Family Foundation

El texto bíblico ha sido tomado de la Versión Reina-Valera 1960 © Sociedades Bíblicas en América Latina, 1960. Renovado © Sociedades Bíblicas Unidas, 1988. Utilizado con permiso.

El texto bíblico indicado con NTV ha sido tomado de la Santa Biblia, Nueva Traducción Viviente, © Tyndale House Foundation, 2010. Usado con permiso de Tyndale House Publishers, Inc., Carol Stream, IL 60188, Estados Unidos de América. Todos los derechos reservados.

A reserva de algunas citas breves en libros, artículos y críticas literarias (mencionando la fuente), ninguna parte de este libro puede ser reproducida en ninguna forma por medios mecánicos o electrónicos, incluyendo almacenaje de información y sistemas de reproducción sin permiso previo por escrito del editor.

Apreciamos mucho HONRAR los derechos de autor de este documento y no retransmitir o hacer copias de este en ninguna forma (excepto para el uso estrictamente personal). Gracias por su respetuosa cooperación.

RELIGIÓN/COMENTARIO BÍBLICO/ NUEVO TESTAMENTO / CARTAS DE PABLO

PALABRA PURA
palabra-pura.com

ISBN: 978-1-951372-55-2

TABLA DE CONTENIDO

Presentación [XI]

EPÍSTOLA DEL APÓSTOL PABLO A LOS EFESIOS

INTRODUCCIÓN [3]

CAPÍTULO 1 [7]

El llamamiento celestial, Ef. 1:1-23 [7]

CAPÍTULO 2 [13]

De muerte a vida, Ef 2:1-10 [13]

Reconciliación por medio de la cruz, Ef 2:11-22 [16]

CAPÍTULO 3 [20]

Ministerio de Pablo a los gentiles, Ef. 3:1-13 [20]

El amor que excede a todo conocimiento, Ef. 3:14-21 [24]

CAPÍTULO 4 [27]

La unidad del Espíritu, Ef. 4:1-16 [27]

La vida nueva en Cristo, Ef. 4:17-32 [31]

CAPÍTULO 5 [36]

Andad como hijos de luz, Ef. 5:1-20 [36]

La mutua sumisión, Ef. 5:21-33 [41]

CAPÍTULO 6 [45]

La mutua sumisión (continuación), Ef. 6:1-9 [45]

La armadura de Dios, Ef. 6:10-20 [49]

Salutaciones finales, Ef. 6:21-24 [51]

EPÍSTOLA DEL APÓSTOL PABLO A LOS FILIPENSES

INTRODUCCIÓN [55]

CAPÍTULO 1 [60]

Salutación, Fil 1:1,2 [60]

Oración de Pablo por los creyentes, Fil 1:3-11 [61]

Para mí el vivir es Cristo, Fil 1:12-30 [63]

CAPÍTULO 2 [68]

Humillación y exaltación de Cristo, Fil 2:1-11 [68]

Luminares en el mundo, Fil 2:12-18 [71]

Timoteo y Epafrodito, Fil 2:19-30 [72]

CAPÍTULO 3 [75]

Advertencia contra los judaizantes, Fil 3:1-3 [75]

El ejemplo de Pablo, Fil 3:4-14 [76]

Avanzar hacia la meta, Fil 3:15-21 [79]

CAPÍTULO 4 [82]

Gozo, unidad y paz en toda circunstancia, Fil 4:1-9 [82]

Dádivas de los filipenses 4:10-20 [86]

Salutaciones finales, 4:21-23 [90]

EPÍSTOLA DEL APÓSTOL PABLO A LOS COLOSENSES

INTRODUCCIÓN [95]

CAPÍTULO 1 [98]

Salutación, Col 1:1,2 [98]

Pablo pide a Dios que les conceda sabiduría espiritual, Col 1:3-14 [99]

Reconciliación por medio de la muerte de Cristo, Col 1:15-23 [101]

Ministerio de Pablo a los gentiles, Col 1:24-29 [103]

Capítulo 2 [105]

Ministerio a los gentiles, continuación, Col 2: 1-7 [105]

Plenitud de vida en Cristo, Col 2:8-23 [107]

Capítulo 3 [113]

Plenitud de vida en Cristo, Col 3:1-4 [113]

La vida antigua y la nueva, Col 3:5-17 [115]

Deberes sociales de la nueva vida, Col 3:18-25 [118]

EPÍSTOLA DEL APÓSTOL PABLO A FILEMÓN

Introducción [123]

Capítulo 1 [126]

Salutación, Flm 1:1-3 [126]

Acción de gracias por la vida de Filemón, Flm 1:4-7 [127]

El ruego de Pablo a Filemón por Onésimo, Flm 1:8-22 [128]

Bendiciones finales, Flm 1: 23-25 [132]

Preguntas de reafirmación [133]

PRESENTACIÓN

El gran privilegio del comentario labibliacontinentalad.com es hacer más entendible a la generación actual el hermoso lenguaje e la Biblia Reina Valera 1960.

La familia Aguillón con suma satisfacción presenta ahora a la comunidad cristiana hispana, este cuarto texto impreso de dicho comentario virtual, el cual contiene el comentario de las Epístolas del apóstol Pablo llamadas Epístolas de la Prisión, a saber: Efesios, Filipenses, Colosenses y Filemón.

El proyecto de labibliacontinentalad.com comenzó con la aprobación de los directivos del Concilio Nacional de Las Asambleas de Dios en México, así como del Texas Gulf Hispanic District of The Assemblies of God, Inc., en los años 2016-2017, y el fuerte respaldo del ministerio en ambos países.

Para apoyar logística y financieramente el proyecto, se constituyó en el Estado de Texas The Aguillon Family Foundation, la cual incluye a todos los miembros de la familia Aguillón: el Dr. Teófilo J. y Olivia Aguillón, con sus hijos Joel, David, Rebeca y Rubén, cada uno dispuesto a aportar su dinero, su tiempo y sus talentos.

Para realizar el trabajo más importante, el Señor utilizó en nuestro apoyo a un distinguido grupo de ministros, quienes, cimentados en su experiencia pastoral, su erudición y su capacidad literaria, con mucha dedicación, comentaron los 27 libros del Nuevo Testamento con sus 260 capítulos, y 7, 957 versículos, desde el evangelio de Mateo hasta el libro de Apocalipsis, versículo por versículo. Esto lo lograron ya sea escribiendo comentario de su propia autoría o realizando los mejores análisis a obras especializadas de conocidos autores. Estos trabajaron escudriñando enciclopedias cristianas y seculares para fundamentar sus dichos, y analizaron textos controversiales tomando como base valiosos comentarios de las Biblias de estudio, especialmente de la utilísima Biblia de Estudio Pentecostal, llamada ahora Biblia de Estudio de la Vida Plena.

Todo contextualizado dentro de nuestra cultura y con constantes aplicaciones en la vida de la Iglesia actual.

Estos escritores son:

En la Epístola a los Efesios: Pbros. Fabián López Hernández, Luis Fernando Caballero Castillo, Zabby Elie Martínez Velásquez, Dora Iliana Regalado de Ramírez y Joel Aguirre Grajales.

En la Epístola a los Filipenses: Pbros. David Medina Pérez, Luis Fernando Caballero C., David González Martínez, Meribah García Texon.

En la Epístola a los Colosenses: Pbros. Ernesto Balcázar Contreras, Iván López Pérez, Ana Laura Uribe Sastré, Pbra. L. Cristina Jiménez Bacelis, Raquel Rivera Jiménez

En la Epístola a Filemón: Pbro: David Medina Pérez.

Nuevamente nuestro reconocimiento al experimentado director de la **Editorial Palabra Pura (www.palabra-pura.com),** Rev. Eliud A. Montoya por el arreglo editorial final de este texto, así como el debido registro de derechos en los Estados Unidos. Une este trabajo a la publicación previa de las *Epístolas de Efesios, a los Romanos, las Epístolas pastorales* (1 y 2 Timoteo, Tito y Filemón), así como el importante texto histórico *El río teológico*, escrito por el Dr. Teófilo J. Aguillón.

▷◁▷◁▷◁▷◁▷◁▷◁▷◁▷◁▷◁▷◁▷◁▷◁▷◁▷◁▷◁▷◁▷◁

Profundamente agradecemos el apoyo económico de la Rev. Irma Ibarra, pastora del Templo Bethesda en Brownsville, TX. y de los esposos Otoniel Y Daisy Segovia de San Antonio TX. para la publicación de este libro. Asimismo, a los esposos David y Dora Alicia Ybarra y la pastora María de la Luz Reyes, en anteriores publicaciones.

▷◁▷◁▷◁▷◁▷◁▷◁▷◁▷◁▷◁▷◁▷◁▷◁▷◁▷◁▷◁▷◁▷◁

EPÍSTOLA DEL APÓSTOL PABLO A LOS EFESIOS

Escritores:
Pbro. Fabián López Hernández
Pbro. Luis Fernando Caballero Castillo
Pbro. Zabby Elie Martínez Velásquez
Pbro. Dora Iliana Regalado de Ramírez
Pbro. Joel Aguirre Grajales

Editores:
Pbro. Elizabeth Ramírez Rosales
Pbro. Luis Fernando Caballero Castillo
Revs. Joel, David y Rubén Aguillón

Diseño y relaciones públicas:
Joel Aguillón y Rubén D. Aguillón
Eduardo Canché V.
Kelly G. Palomino

INTRODUCCIÓN

La Epístola a los Efesios es una gran exposición teológica con una doctrina fundamental para enseñar a la iglesia. La Epístola se puede dividir en dos partes principales y esenciales. La primera parte, del capítulo 1:3 al 3:21 muestra la unidad de todo el universo en Cristo, a fin de entender el misterio de la voluntad de Dios sobre la iglesia. Los judíos tenían que entender que el plan de redención también era para el pueblo gentil y que, por la sangre de Cristo, habían sido aceptos delante de Dios tal y como ellos.

En la segunda parte, del capítulo 4:1 al 6:20, se muestra la vida práctica cristiana, que incluye a un sector muy importante: los esposos, los padres e hijos y la relación patrones-sirvientes. Una vez alcanzada la salvación por medio de Jesucristo, la vida del creyente debe observar una conducta correcta de acuerdo a la Palabra y ser ejemplo delante de los demás, a fin de que el nombre del Señor sea glorificado en la Iglesia y fuera de ella. Hoy en día, la Epístola sigue siendo muy útil para todo creyente que quiera reflexionar sobre las bendiciones alcanzadas por el Señor Jesús, y la dotación de habilidades ofrecida con los cinco ministerios.

Contenido

La Epístola a los Efesios cuenta con 6 capítulos y 155 versículos, que muestran un llamamiento celestial para la iglesia y una conducta correcta en la tierra por parte de la iglesia.

Versículos clave

Efesios 2:8-10 *"Porque por gracia sois salvos por medio de la fe; y esto no de vosotros, pues es don de Dios; no por obras, para que nadie se glorie. Porque somos hechura suya, creados en Cristo Jesús para buenas obras, las cuales Dios preparó de antemano para que anduviésemos en ellas"*.

Ubicación histórica y geográfica

Éfeso desde el año 133 a.C., con una población cercana al medio millón de personas, era la capital de la provincia romana de Asia y residencia oficial del gobernador. Estaba situada en un lugar privilegiado de la costa del Mediterráneo, con un puerto de mucho tráfico y una importante vía de comunicación con el interior de Asia Menor. Era notable el culto a la diosa Diana, en cuyo honor se había erigido en Éfeso un templo al que acudían en peregrinación devotos de toda Asia y del mundo entero (Hch.19:23-41).

Antecedentes de predicadores en la ciudad

El apóstol Pablo visitó por primera vez la región de Éfeso en su segundo viaje misionero; después de haber pasado por Atenas, Corinto y Antioquía de Siria, llega a Éfeso con Aquila y Priscila, un matrimonio que servía al Señor y a quienes decidió dejar allí (Hch 18:18-19). Estando en la ciudad no dejaba de aprovechar cualquier momento para hablar del evangelio de Jesucristo, así que, entrando en la sinagoga de los judíos, les mostraba por medio de las Escrituras que Jesús era el Cristo (Hch 18:19). Una vez terminada su labor, se dispuso a zarpar de Éfeso para regresar a Jerusalén, dejando la promesa que volvería si Dios así lo quería (Hch 18:21).

Antes de la segunda visita del apóstol Pablo a la ciudad de Éfeso, un varón judío de Alejandría, elocuente, poderoso en las Escrituras llamado Apolos, llegó para enseñar lo concerniente al Señor Jesús y con un espíritu fervoroso hablaba con denuedo en la sinagoga. Oyéndole Priscila y Aquila, lo tomaron aparte para enseñarle de una manera exacta y correcta lo concerniente al camino de Dios, pues *"solamente conocía el bautismo de Juan"* (se infiere que hicieron lo mismo que Pablo, cuando trató con "ciertos discípulos" que estaban en la misma situación de Apolos (Hch 19:4), quien les condujo al correcto entendimiento de que debían ser bautizados en el nombre del Señor Jesucristo. Como se amplía en el párrafo siguiente). De tal experiencia en la ciudad, transformado por la enseñanza de esta diligente pareja, Apolos comenzó a ser mencionado en medio de las iglesias como un predicador ganador de almas (1 Co1:12).

El apóstol Pablo en su tercer viaje misionero, vuelve a Éfeso y se encuentra con doce discípulos, a los cuales confronta sobre el tema de que si habían recibido el Espíritu Santo cuando creyeron; respondiendo ellos sobre el tema dijeron que conocían el bautismo de Juan que era el de arrepentimiento, por tanto, el apóstol Pablo, les complementó su conocimiento y habiendo hablado de Jesucristo y poniendo manos sobre ellos, se derramó el Espíritu Santo, con la señal inicial de hablar en otras lenguas (Hch 19:1-7). Pablo continuó enseñando allí por tres meses en la sinagoga (Hch 19:8). Y luego en la escuela de Tiranno por un lapso de dos años (Hch 19:9-10).

Dios hizo milagros extraordinarios por mano de Pablo (Hch 19:11-20), los cuales provocaron la molestia de los seguidores de la diosa Diana de los efesios (Hch 19:23-21), quienes organizaron una fuerte protesta. Después del alboroto, el apóstol Pablo salió con rumbo a Macedonia (Hch 20:1).

Autor, destinatarios y situación del autor

Pablo con su firma tradicional de apóstol de Jesucristo, alrededor de los años 60 – 62 d.C., se dirige a los creyentes de la Iglesia que se encontraba en la ciudad de Éfeso (Ef 1:1-2). La situación del apóstol Pablo era trágica, ya que su vida estaba privada de la libertad por estar encarcelado en Roma. Aun así, esto no detenía su labor de amor para enseñar las verdades del evangelio de Jesucristo, a través de esta magistral carta, enviada por mano de un fiel ministro y amado hermano llamado Tíquico (Ef 6:21, 2 Tim 4:12), quien fue de gran ayuda llevando también una carta a la iglesia que se encontraba en Colosas (Col.4:7).

Éfeso era una ciudad llena de idolatría, donde las creencias sobre el gnosticismo, misticismo, se mezclaban con los exorcistas ambulantes y que atacaban la fe de los nuevos creyentes, tratando de confundirles. Aunado a esto, el imperio romano estaba poniendo presión a la iglesia con no dejarlos profesar la fe en Cristo tranquilamente, dando lugar a las mentiras de los opositores del evangelio. Sin embargo, el apóstol exhortó a no dejar vencerse, escribiendo esta joya para la iglesia universal, bajo la dirección del Espíritu Santo.

Motivos para escribir la carta a los Efesios

Por su modo de terminar la carta, se nota al apóstol Pablo preocupado por los ataques que ha recibido la iglesia y aún su misma persona, como les había constado, haciendo saber a los hermanos que habitaban en Éfeso, que aun con su encarcelamiento, el apóstol trataría de informarles de todo asunto a través de Tíquico y darles ánimo para seguir con amor inalterable a Jesucristo (Ef.6:21-24).

Temas fundamentales

El apóstol empieza con resaltar que somos una Iglesia gloriosa, gracias a que el Dios y Padre de nuestro Señor Jesucristo nos escogió desde antes de la fundación del mundo para que fuésemos santos y sin mancha delante de Él (1:3-4) habiéndonos adoptado como hijos suyos por medio de Jesucristo para alabanza de su gloria (Ef 1:5-6). De igual forma, el apóstol hace ver que en Cristo tenemos redención por su sangre, el perdón de los pecados, y que, gracias a eso, nos ha hecho sobreabundar en toda sabiduría e inteligencia para conocer el misterio de Su voluntad, así como para darnos herencia a través del evangelio que viene a ser sellado en nosotros por el Espíritu Santo de la promesa (1:7-14).

El apóstol Pablo también resalta la gracia salvífica que ha sido dada por Dios a través del Señor Jesucristo, quien nos ha rescatado de la muerte que merecíamos por los delitos y pecados cometidos (2:1-10). Judíos y gentiles podemos disfrutar de las bendiciones de Dios a través de la obra redentora de Jesucristo por medio de la cruz del Calvario, quien derrumbó la pared intermedia, aboliendo en su carne las enemistades, la ley de los mandamientos y reconciliando a ambos pueblos con Dios (2:11-22).

Pablo toma tiempo para contar cómo le fue revelado el misterio de Cristo para compartir las buenas nuevas a los gentiles y hacerles ver que eran coherederos y miembros del mismo cuerpo, así como copartícipes de la promesa en Cristo Jesús por medio del evangelio. Literalmente: *"misterio que en otras generaciones no se dio a conocer a los hijos de los hombres, como ahora es revelado a los santos apóstoles y profetas por el Espíritu: que los gentiles son coherederos y miembros del mismo cuerpo, y copartícipes de la promesa en Cristo Jesús por medio del evangelio"* (3: 5,6).

La epístola a los Efesios también contiene una fuente maravillosa de teología, ya que el apóstol habla respecto de la unidad del cuerpo de Cristo, compartiendo verdades relevantes que rigen la doctrina de la iglesia, tales como la unidad del Espíritu en el vínculo de la paz, un Señor, una fe, un bautismo, un Dios y Padre de todos, así como los dones y ministerios que nuestro Señor Jesucristo vino a traer para su Iglesia. Estas verdades ayudarían a la Iglesia a poder contra atacar las mentiras que el enemigo levantara en contra del pueblo de Dios (4:1-32).

El apóstol exhorta a la iglesia a comportarse como dignos discípulos de Cristo, andando en amor y apartados del mal, mostrando buen testimonio delante de los demás, sabiendo que dentro y fuera del núcleo familiar tenían que honrar y exaltar el nombre de Cristo en sus vidas, valorando el perfecto amor que Cristo tiene para su Iglesia (5:1- 6:9).

Por último, el apóstol Pablo, sacando partido al encarcelamiento y observancia del comportamiento de los soldados romanos que estaban custodiándole, usa como ejemplo la armadura de guerra para explicar a la iglesia los elementos esenciales para apagar todos los dardos de fuego del maligno. Explicando que nuestra lucha no es contra las personas sino contra el maligno, y que, sólo vistiéndonos de la armadura de Dios, es cómo podemos hacerle frente y vencerlo (6:10-20).

EPÍSTOLAS DE LA PRISIÓN

Breve bosquejo

PARTE I - DOCTRINAL: EL EVANGELIO DE JESUCRISTO QUE FORMA A LA IGLESIA

A. Introducción (1:1-23)

1. Saludos iniciales a la iglesia (1:1-2)
2. Bendiciones de parte de Dios ganadas por Cristo (1:3-14)
3. Intercesión para recibir tales bendiciones (1:15-23)

B. El evangelio de gracia (2:1-22)

1. La vida con Cristo nos salva de la muerte por el pecado (2:1-7)
2. La fe en Cristo nos trae las obras de Dios (2:8-10)
3. La unidad por Cristo nos acerca al Padre celestial (2:11-22)

C. El apostolado de Pablo para los gentiles (3:1-21)

1. El misterio revelado al apóstol Pablo (3:1-6)
2. El ministerio encomendado al apóstol Pablo (3:7-12)
3. El anhelo formado en el apóstol Pablo (3:13-21)

PARTE 2 – PRÁCTICA: EL EVANGELIO DE JESUCRISTO QUE RIGE A LA IGLESIA

D. La unidad del cuerpo de Cristo (4:1 – 5:20)

1. Cristo a través del Espíritu actuando en la Iglesia (4:1-6)
2. Cristo a través del Espíritu estableciendo la Iglesia (4:7-16)
3. Cristo a través del Espíritu enseñando a la Iglesia (4:17-21)
4. Cristo a través del Espíritu exhortando a la iglesia (4:22-5:20)

E. El testimonio de una familia que está en Cristo (5:21 – 6:9)

1. El testimonio de la esposa (5:21-24)
2. El testimonio del esposo (5:25-33)
3. El testimonio de los hijos (6:1-3)
4. El testimonio de los padres (6:4)
5. El testimonio de los siervos (6:5-8)
6. El testimonio de los amos (6:9)

F. La armadura del cristiano (6:10-20)

G. Saludos finales a la Iglesia (6:21-24)

EPÍSTOLA A LOS EFESIOS

CAPÍTULO 1

El llamamiento celestial, Ef 1:1-23

1:1,2 *"Pablo, apóstol de Jesucristo por la voluntad de Dios, a los santos y fieles en Cristo Jesús que están en Éfeso: Gracia y paz a vosotros, de Dios nuestro Padre y del Señor Jesucristo".*

Ya desde la introducción de la epístola Pablo enfatiza que ha sido llamado al ministerio, como un *apóstol de Jesucristo*. ¡Qué seguridad del llamado! La convicción de su misión espiritual blindó su moral para los tiempos de crisis extrema. El sustantivo *apostolos* significa llanamente "uno que es enviado". Así que, el vocablo usado por Pablo es una credencial que le autorizaba para un ejercicio poderoso.

El autor procura aclarar desde el inicio que se dirige a ellos en calidad de alguien que fue autorizado por el cielo y que no hay ninguna ilegitimidad en el ejercicio de su ministerio. Se dirige a ellos con la plena conciencia de que ha sido comisionado para edificar la vida de la iglesia. No es usurpador ni un voluntario, antes bien, es alguien autorizado para llevar a cabo la tarea espiritual.

 **PARA MEDITAR**

> Cuando un ministro goza de tal seguridad de su llamamiento no existen vicisitudes que lo detengan para servir al Señor. Muchos fracasan presos de la duda o el desánimo. Inclusive, algunos ministran arrastrando ciertas inseguridades. Los años pasan y siguen –al estilo de Gedeón– buscando señales del llamamiento divino. Es necesario que en tiempos de batalla todo servidor del Señor pueda expresar categóricamente: ¡soy un siervo del Señor! Pablo nos da cátedra de ello.

Es importante destacar también que, aunque el apóstol sabe que en la iglesia efesia están presentes algunos creyentes que arrastran problemas morales, se dirige a ellos con dignidad espiritual, llamándoles: *a los santos y fieles*. ¡Qué ética! ¡Qué amor por la obra de Dios! Algunos tienen la habilidad de sacar lo peor de las personas; otros, lo mejor. Quien sirve a la causa cristiana deben desarrollar el temple espiritual y ético para tratar los asuntos más difíciles.

1:3-10 *Bendito sea el Dios y Padre de nuestro Señor Jesucristo, que nos bendijo con toda bendición espiritual en los lugares celestiales en Cristo, ⁴según nos escogió en él antes de la fundación del mundo, para que fuésemos santos y sin mancha delante de él, ⁵ en amor habiéndonos predestinado para ser adoptados hijos suyos* *por medio de Jesucristo, según el puro afecto de su voluntad, ⁶para alabanza de la gloria de su gracia, con la cual nos hizo aceptos en el Amado, ⁷en quien tenemos redención por su sangre, el perdón de pecados según las riquezas de su gracia, ⁸que hizo sobreabundar para con nosotros en toda sabiduría e inteligencia, ⁹dándonos a conocer el misterio de su voluntad, según su beneplácito, el cual se había propuesto en sí mismo, ¹⁰de reunir todas las cosas en Cristo, en la dispensación del cumplimiento de los tiempos, así las que están en los cielos, como las que están en la tierra.*

Bendito sea el Dios y Padre de nuestro Señor Jesucristo que nos bendijo con toda bendición espiritual. La exclamación de Pablo es producto de su conocimiento teológico. Se goza en que los creyentes, y él mismo, han sido beneficiados por el Padre con el plan redentor. Después del grito de victoria pasa a enumerar todas las bendiciones otorgadas por Dios mediante Cristo.

Pablo le da alto vuelo a la reflexión teológica en lo que respecta al llamamiento divino de los creyentes. Inspirado describe todos los beneficios que ahora poseen los creyentes bajo el plan celestial. *"Nos bendijo con toda clase de bendición espiritual"*. Cualquier teólogo de la prosperidad vería aquí conveniencia material, progreso económico. Pero el apóstol no está refiriéndose a posesiones terrenales sino a las celestiales. La bendición –dice Pablo- es espiritual.

Las bendiciones están *"en los lugares celestiales en Cristo"*. Pertenecen a una esfera distinta a la terrenal y pecaminosa; son de procedencia celestial y eterna. Es una promesa que no concuerda con la avaricia material de muchos "predicadores" ni con el concepto de muchos creyentes respecto a comodidad cristiana. Insinúa el autor sagrado que cuando estamos bajo el señorío de Jesús, entramos en una atmósfera espiritual. Creer, entonces, que la prosperidad anunciada en el evangelio se evidencia por medio de los bienes temporales, es un error. Las bendiciones del evangelio son de naturaleza espiritual. Si bien es cierto que el progreso material o económico deben ser distintivos del discípulo de Jesús, no son en automático; algunas veces están ligadas a la fidelidad, a la buena administración y al contexto social.

NOTA DOCTRINAL

Afirmar que el Padre ***nos escogió en él*** [Cristo] ***antes de la fundación del mundo*** es sublime. Revela que el evangelio no es un plan B ni una improvisación del Padre, sino un proyecto diseñado antes de todo lo creado. ¡Bendito Dios! Los expertos en el idioma explican que el vocablo *escogió "exeléxato"* proveniente de *eklego* que significa "entresacar, seleccionar". El diccionario Vine agrega que también significa "elegir para sí", con la idea de "bondad, favor o amor". De ninguna manera sugiere el texto sagrado una elección arbitraria de Dios a favor de algunos individuos, como algunos interpretan; más bien, apoya la idea de que, en su omnisciencia, Dios sabía quiénes eran los suyos desde el principio y que muchos responderían a su llamado.

La expresión *"antes de la fundación del mundo"* aclara también, por inspiración divina, que a Dios no lo tomó por sorpresa la caída del hombre. Él sabía que la criatura fallaría y, sabedor de ello, preparó un plan para todos aquellos que le habían de aceptar en un futuro. El Señor sabía que muchos perseverarían en el pecado y rebelión, pero que muchísimos aceptarían el llamado divino. Es la misma idea que presenta Pablo a los romanos cuando escribe que *a los que antes conoció, también los predestinó para que fuesen hechos conformes a la imagen de su Hijo… Y a los que predestinó, a éstos también llamó…* (Ro 8:29,30). Esa poderosa verdad debe ser un ancla para la fe en momentos de duda, ataques y debilidades humanas. Estamos en el plan de Dios.

En la expresión apostólica *"habiéndonos predestinado"*, refiriéndose a la posición gloriosa que gozan ahora los creyentes en el Señor, el término *proorísas* (de *pro*, anticipado; *orizo*, determinar) "determinar por anticipado", "elegir por adelantado", se refiere a aquello a lo que son predestinados los objetos con anticipación. Es decir, que el Señor sabiendo que muchos responderían a su llamado preparó un plan que desemboca en la eternidad. Todo el plan salvífico de Dios y las promesas eternas se originan en la respuesta de los creyentes al llamado divino, pues, *bienaventurados los que no vieron y creyeron* (Jn 20:29).

Los creyentes son *"adoptados hijos suyos por medio de Jesucristo"*. El término *juiothesian* (de *juios*, hijo, *thesis*, colocar) en este versículo se refiere a los que han sido ordenados de antemano a la *adopción de hijos* por medio de Jesucristo. En el caso de adopción se usa el término hijo que involucra la dignidad de la relación de los creyentes como hijos. Denota que la posición de hijos da a los creyentes acceso pleno a las bendiciones eternas. Aclara el autor que es Cristo quien posiciona al creyente ante el Padre. No es por sí solo sino debido a la obra expiatoria de Jesús que somos participantes de tantas bendiciones espirituales.

Las cuatro ocasiones (4,5, 6,12) que se encuentra la preposición *para* (*eís*) en el capítulo 1, expresa finalidad. Indica que existe desde la eternidad un plan diseñado *para alabanza de la gloria de su gracia*. Se dice de aquellos por causa de los cuales, y por razón de los cuales, se debe dar alabanza a Dios, en razón de su **gloria**, es decir, de la exhibición de su carácter y sus obras. Los creyentes son, desde luego, un trofeo que recuerda la gracia divina a favor de los mortales. La iglesia redimida es una evidencia de la misericordia de Dios hacia el pecador. Cada ser humano redimido es un grito de alabanza al Redentor.

La declaración anterior no solo denota que la redención del ser humano es una razón poderosa para que los habitantes del cielo alaben al Creador y redentor, también provoca que los mortales glorifiquen al Señor cuando observan a quienes son rescatados del pecado.

El texto señala otro objetivo del Salvador: *"que fuésemos santos y sin mancha delante de él"*. Desde el momento de recibirle el hombre pasa de la condición caída a la comunión restaurada, para vivir así delante de Dios. **Un pensamiento poderoso que se levanta en esta frase es el de la santificación.** Asegura que la consagración del creyente no es un invento de la iglesia ni una exigencia legalista de cada denominación, más bien es una demanda del Señor.

Los que le sirven han de presentarse limpiamente delante de Él, pues *¿Quién subirá al monte de Jehová? ¿y quién estará en su lugar santo? El limpio de manos y puro de corazón; el que no ha elevado su alma a cosas vanas, ni jurado con engaño* (Salmo 24:3,4). Pablo también sabedor de esta verdad, expresa: *Amados, puesto que tenemos tales promesas; limpiémonos de toda contaminación de carne y de espíritu; perfeccionando la santidad en el temor de Dios* (2 Co 7:1). Por su parte, el autor de la epístola a los Hebreos, sentencia: *Seguid la paz con todos y la santidad, sin la cual, nadie verá al Señor* (Heb 12:14).

⊃ Continúa el autor sagrado la lista de bendiciones espirituales. A través de Jesús **tenemos redención por su sangre, el perdón de pecados, según las riquezas de su gracia**. El término *redención* (*apolutrósis*) significa "liberación mediante el pago de un rescate". La redención en este versículo se define como la liberación de la culpa y de la condenación. La salvación del creyente fue comprada a precio de la sangre del mismo Hijo de Dios, que fue derramada aquí en la tierra. Deja bien claro que la muerte de Jesús no fue un accidente sino parte de un plan de rescate del ser humano. La obra expiatoria del Señor es suficiente para redimir al pecador.

- Por medio de la obra de Jesús se manifiesta toda la sabiduría de Dios, pues, por medio de ella nos dio *a conocer el misterio de su voluntad.* El término *musterion* en el Nuevo Testamento denota todo aquello que está más allá de la posibilidad de ser conocido por medios naturales. Solo puede llegarse a saber por revelación divina en el tiempo indicado por el Señor. A través del evangelio, Dios dio a conocer su plan redentor con todas sus bendiciones *según el beneplácito, el cual se había propuesto en sí mismo.* Implica un propósito lleno de gracia. Nadie le obligó a revelarse, no fue movido por un compromiso con él ser humano, más bien, fue una iniciativa divina. Nació en su soberanía motivado por su voluntad. Nada nos debe Él, nosotros le debemos todo.

- El propósito divino es *reunir todas las cosas en Cristo,* es decir, que todo el proyecto salvífico y escatológico de Dios está dirigido por el Hijo. Apocalipsis precisamente ratifica esta verdad. El Hijo es el digno de tomar el libro y abrir sus sellos (Ap 6); el Cordero es quien ejecuta los juicios de Dios, quien regresará en gloria con sus ángeles y quien reinará sobre las naciones (Ap 19); Jesús es quien juzgará a los vivos y a los muertos (2 Ti 4:1), y quien al final de todo entregará el reino a Dios Padre (1 Co 15:22-24). Todo lo anterior, desde luego, *en la dispensación del cumplimiento de los tiempos,* o sea, en los tiempos que el Padre ya ha designado en su sola potestad. Es el programa del Padre. Pablo también anuncia proféticamente que los planes de Dios afectarán todas las cosas creadas, *así las que están en los cielos, como las que están en la tierra.*

- *Y de reunir todas las cosas en Cristo,* esta sección de la carta tiene toda la sazón escatológica. Establece cual es el objetivo central del Señor con todas las criaturas del universo. Sugiere que existe un plan diseñado desde la eternidad para toda la creación. El sustantivo dispensación (*oikonomia*) significa primeramente el gobierno de una familia o administración de la propiedad de otros. Aparece en el sentido futuro. Implica que los planes del Señor se encaminan a un cumplimiento inevitable *"de reunir todas las cosas en Cristo",* pero a su tiempo. ¡Gloria a Dios por su soberanía y sabiduría! Todo esto debe estimular a cada creyente a perseverar con la vista centrada en la meta suprema.

1:11-14 *En él así mismo tuvimos herencia, habiendo sido predestinados conforme al propósito del que hace todas las cosas según el designio de su voluntad, ¹²a fin de que seamos para alabanza de su gloria, nosotros los que primeramente esperábamos en Cristo. ¹³en él también vosotros, habiendo oído la palabra de verdad, el evangelio de vuestra salvación, y habiendo creído en él, fuiste sellados con el Espíritu de la promesa, ¹⁴que es las arras de nuestra herencia hasta la redención de la posesión adquirida, para alabanza de su gloria.*

Cuando establece el apóstol que en Cristo *tuvimos herencia,* el término *eklérothemen* de *kleroo* significa *"fuimos hechos una herencia"* o *"se nos designa una herencia".* Todos los salvos constituyen la herencia de Cristo que le fue dada por el Padre. Le ha de quedar claro a los creyentes que no existe ningún merecimiento humano, que todo es por iniciativa divina. El Soberano ha decidió actuar y poner todo al alcance de sus hijos. Toda arrogancia humana desaparece ante la obra del Salvador, como más adelante se precisa que *por gracia sois salvos por medio de la fe* (Ef 2:8). Cuando un creyente o ministro se cree merecedor de las bendiciones divinas, ya está en camino a la soberbia y al fracaso. Lo que posee el creyente es por *designio de su voluntad.* Todo lo que somos y tenemos es para alabanza de su gloria.

Debe existir un llamado divino y una respuesta humana. Cuando el ser humano oye *la palabra de verdad,* es decir, el evangelio de Cristo, debe creer en él. La salvación es gratuita pero no automática. La expresión *habiendo creído en él* sugiere responsabilidad humana. Todo está realizado a favor de los que han de creer pero es necesario que se active la fe y la obediencia. Los efesios, habiendo oído y creído, fueron partícipes de las grandes bendiciones de Dios. Algunos quieren los beneficios de la eternidad, pero sin hacer esfuerzos ni tomar decisiones. Argumentan que Dios ya lo hizo todo por medio de Jesús. La obra de Cristo está al alcance de todos, pero hay que creer para beneficiarse con ella.

"y habiendo creído en él, fuiste sellados con el Espíritu de la promesa, 14que es las arras de nuestra herencia. Después de haber oído y creído, los creyentes son sellados con el Espíritu de la promesa. El término **sellados** (*sfragísthete*) de *sfragizo*, "sellar", se usa retóricamente. Explica que cuando los creyentes depositaron su fe en Cristo, comenzaron a ser habitación del Espíritu. *Cuando creísteis fuisteis marcados con el sello* (NVI). El sustantivo **arras** (*arrabon*) significa *prenda en dinero depositado por el comprador, y que se perdía si la compra no se efectuaba.*

El Diccionario Vine, explica que en *el NT, sellados se usa solo en aquello que Dios asegura a los creyentes [El Espíritu Santo]. Se usa respecto al acto de sellar, para que lo sellado no fuera abierto, o en lugar de la firma, para dar validez a los documentos, o para garantizar la pureza de un artículo.*

De igual manera el Espíritu Santo pone en nuestras almas un sello con la impresión del Señor Jesús. Es la marca de autenticidad de la herencia de Dios. Lo anterior es glorioso, pues, sugiere que la presencia del Espíritu en el creyente es la evidencia de su pertenencia a Dios, pero también la anticipa que todas las promesas divinas serán plenamente cumplidas. Por lo tanto, el creyente debe mantener plena esperanza *hasta la redención de la posesión adquirida.* El término *redención* (*apolutrósis*) significa "liberación mediante el pago de un rescate"

1:15-23 *Por esta causa también yo, habiendo oído de vuestra fe en el Señor Jesús, y de vuestro amor para con todos los santos, 16no ceso de dar gracias por vosotros, haciendo memoria de vosotros en mis oraciones, 17para que el Dios de nuestro Señor Jesucristo, el Padre de gloria, os dé espíritu de sabiduría y de revelación en el conocimiento de él, 18Alumbrando los ojos de vuestro entendimiento, para que sepáis cual es la esperanza a la que él os ha llamado, y cuáles son las riquezas de la gloria de su herencia en los santos, 19y cual la supereminente grandeza de su poder para con nosotros los que creemos, según la operación del poder de su fuerza, 20la cual operó en Cristo, resucitándole de los muertos y sentándose a su diestra en los lugares celestiales, 21sobre todo principado y autoridad, poder y señorío, y sobre todo nombre que se nombra, no sólo en este siglo, sino también en el venidero; 22y sometió a todas las cosas bajo sus pies, y lo dio por cabeza sobre todas las cosas a la iglesia, 23la cual, es su cuerpo, la plenitud de Aquel que todo lo llena en todo.*

> **Esta es una oración.** Se considera una de las dos más poderosas oraciones apostólicas del NT; pues pide sabiduría y revelación en el conocimiento de Dios. La otra oración se encuentra en Efesios 3:14-21 y se enfoca en el conocimiento del amor, del poder y de la gloria de Dios (Biblia de Estudio Pentecostal pág.1,682).

La expresión *por esta causa*, refiere la verdad sobre el llamamiento divino [predestinación], que ha resultado en la fe y el amor de los receptores *habiendo oído de vuestra fe en el Señor Jesús y de vuestro amor para con todos los santos.* Elogia Pablo a los efesios por haber demostrado una fe sincera en la doctrina de Cristo. Reconoce que manifestaron afecto de unos a los otros. Fue evidente, según el autor, que los creyentes evidenciaron una actitud sincera hacia la fe y hacia la iglesia.

12 EPÍSTOLAS DE LA PRISIÓN

PARA MEDITAR

Es importante resaltar el tacto pastoral del apóstol para con sus receptores. Un buen pastor amonesta, pero también motiva. Muchos de los problemas eclesiásticos podrían ahorrarse si el líder también reconociera las virtudes de quienes están bajo su cuidado, y no tan solo los defectos y carencias.

La constante oración de Pablo por los creyentes de la provincia de Asia Menor tiene los siguientes propósitos:

- Por la plena comprensión de las verdades divinas: *os dé espíritu de sabiduría y de revelación.* Los creyentes deben crecer en conocimiento espiritual.

- Por el aumento de sus convicciones teológicas: *para que sepáis cual es la esperanza a la que él os ha llamado.*

- Para que conozcan las bendiciones eternas y la recompensa por su fidelidad: *cuáles son las riquezas de la gloria de su herencia en los santos.*

- Para que estén bien arraigados en la doctrina de la obra expiatoria de Cristo y conozcan *la supereminente grandeza de su poder* que se manifestó en Cristo mediante la resurrección, exaltación, autoridad y señorío.

- No tiene ninguna duda del señorío universal de Jesús *no sólo en este siglo, sino también en el venidero.* No hay duda para el escritor de la carta que Cristo tiene la autoridad sobre todo lo creado y es cabeza de la iglesia.

- Nada se escapa al control del Señor, *pues lo llena todo.*

PARA MEDITAR

Es bueno que todo ministro y creyente tenga presente que Cristo es el dueño de la iglesia para no tomar actitudes de orgullo y autosuficiencia.

EPÍSTOLA A LOS EFESIOS

CAPÍTULO 2

De muerte a vida, Ef 2:1-10

2:1-3 *"Y él os dio vida a vosotros, cuando estabais muertos en vuestros delitos y pecados, ²en los cuales anduvisteis en otro tiempo, siguiendo la corriente de este mundo, conforme al príncipe de la potestad del aire, el espíritu que ahora opera en los hijos de desobediencia, ³entre los cuales también todos nosotros vivimos en otro tiempo en los deseos de nuestra carne, haciendo la voluntad de la carne y de los pensamientos, y éramos por naturaleza hijos de ira, lo mismo que los demás".*

En esta primera sección del capítulo 2 el apóstol explica la condición de los creyentes efesios antes de la conversión. La situación espiritual de sus destinatarios, (y de todos los no creyentes), antes de ser alcanzados por la gracia divina, era pésima. Antes de ser vivificados por el Señor, les recuerda: **estabais muertos en vuestros delitos y pecados.** El adjetivo "muertos" (*nekrós*), según el *Diccionario Expositivo de palabras del Antiguo y Nuevo Testamento* de Vine, se usa metafóricamente para ilustrar la condición espiritual de los incrédulos.

El cuerpo muerto no tiene la capacidad para responder a ningún estímulo, tampoco es capaz de hablar, pensar, sentir y escuchar; está imposibilitado. Paralelamente, la incredulidad incapacita a los seres humanos para actuar y vivir en fe, también para discernir la voluntad divina y concentrarse en los asuntos de la eternidad, pues *"los que son de la carne piensan en las cosas de la carne; pero los que son del Espíritu, en las cosas del Espíritu"* (Ro 8:5,6). La forma verbal **anduvisteis** (*periepathésate*, "caminar en círculos") sugiere un estilo de vida redundante, una conducta rendida al pecado.

Las Escrituras sentencian que el irredento no posee la capacidad espiritual de someterse a la voluntad celestial, *"porque los designios de la carne son enemistad contra Dios"*. El pecado bloquea la comunión de Dios con el hombre. El esclavo del pecado no puede acceder a una comunión íntima y real con el Padre de las luces, pues su voluntad y pensamientos están secuestrados por el maligno, quien lo ha cegado espiritualmente (2Co 4:4). Solo aquellos que han creído y aceptado el sacrificio de Jesús pueden saber a cabalidad lo que significa ser redimido. ¡Gloria a Dios!

Además, es indispensable observar las expresiones apostólicas; se refieren a una acción pasada con efectos presentes. Y aunque los destinatarios ya no se encontraban en la misma deplorable condición, no obstante, son exhortados a no manifestar nunca una conducta indigna. Es un recordatorio de cómo el Todo Poderoso debe ser glorificado con las acciones presentes.

 **PARA MEDITAR**

El mundo desafía a los seguidores del Señor. Ese sistema presiona a los que mantienen una postura consagrada, es decir, a quienes no le siguen la corriente; pero el creyente ha de estar dispuesto a enfrentar hostilidades de parte de los hijos de la época. Nadie dijo –incluyendo al Maestro– que seguir el evangelio sería fácil. Él advirtió a sus discípulos: *"Y el que no lleva su cruz y viene en pos de mí, no puede ser mi discípulo"* (Lc 14:17). Jesús jamás ilusionó a nadie, por el contrario, aclaró a todos el costo de servirle.

Seguir la *corriente de este mundo* garantiza comodidades; rechazar sus ofertas atrae rechazo y estigma. La Escritura recalca que todo lo que pertenece a la esfera mundana: *"los deseos de carne, los deseos de los ojos y la vanagloria de la vida"*, es contrario al Padre. Este siglo es seductor y efímero. Es mejor seguir la corriente del cielo para permanecer eternamente (1 Jn 2:15-17).

 PARA MEDITAR

En su Carta a los Romanos, Pablo advierte también a los creyentes a no conformarse a este siglo (Ro 12:2). Por convicción, el creyente ha de rechazar rotundamente todo aquello que se contrapone al deseo divino. Un buen seguidor de Dios siempre se opondrá al pecado. La música, el cine, la moda y las filosofías actualmente están en franca oposición a Dios. Existe una tendencia generalizada a ridiculizar a los valores cristianos por considerarlos obsoletos e intolerantes; no obstante, el discípulo genuino debe protestar contra todo aquello que viola los principios de la palabra de Dios, aunque sea una voz que clame en el desierto.

La rebelión de los seres humanos contra Dios se debe a que viven *conforme al príncipe de la potestad del aire, el espíritu que ahora opera en los hijos de desobediencia*. Esta declaración paulina revela una verdad que duele a los incrédulos. Después de todo, la Palabra es la palabra. Es indispensable escudriñar el término.

 NOTA DOCTRINAL

Existe —dice Pablo— un ente espiritual que *opera* en los desobedientes a Dios. El verbo *energeia*, significa literalmente *"trabajar en, actuar en"*, denota la actividad satánica en el interior de los que pertenecen a su imperio, el diablo controla a quienes están bajo su señorío. Quien no vive bajo el dominio o influencia divina, está bajo el control de Satanás. Por lo tanto, no hay término medio: o el Espíritu Santo gobierna a un individuo o lo gobiernan entes demoniacos. Al final, los no redimidos son socios del maligno.

La contrariedad manifestada hacia Dios era evidencia que eran *hijos de ira, lo mismo que los demás*. El hebraísmo "hijos de ira" sugiere que los que no son de Cristo están bajo maldición y juicio. Debido a su maldad interior y exterior, los hombres causan el descontento de Dios. El Señor está airado con el pecador a causa de que éste se empeña en obstaculizar la verdad divina con su rebelde, idólatra y promiscua manera de vivir (Ro 1:18-32). Cuando un ser humano estorba la verdad divina, se opone con sus acciones, o la persigue con sus hechos.

2:4-7 *"Pero Dios, que es rico en misericordia, por su gran amor con que nos amó, ⁵aun estado nosotros muertos en pecados, nos dio vida juntamente con Cristo (por gracia sois salvos), ⁶y juntamente con él nos resucitó, y asimismo nos hizo sentar en los lugares celestiales con Cristo Jesús, ⁷para mostrar en los siglos venideros las abundantes riquezas de su gracia en su bondad para con nosotros en Cristo Jesús,"*

"Y él os dio vida" es la proclamación certera de Pablo en la sección anterior recordándoles de donde han sido rescatados. La cláusula, *pero Dios que es rico en misericordia* se propone hacer un contraste entre la situación pasada y presente de los creyentes. El perdón inmerecido se disfruta espiritualmente. Pero la redención es una obra divina que el creyente jamás debe olvidar. No se le permite al ser humano ostentar dignidad, todo es por gracia.

Ese *gran amor* de Dios a favor de los irredentos fue demostrado enviando a su Hijo. No es un sentimiento humano sino una acción de bondad divina a favor de toda la humanidad. Tal acto de afecto es único e insuperable. No tenía el Padre celestial porqué ceder lo más valioso que tenía, para rescatar a criaturas corrompidas por el pecado, sin embargo, no lo escatimó (Ro 8:32).

"y juntamente con él nos resucitó, y asimismo nos hizo sentar en los lugares celestiales con Cristo Jesús", la resurrección de Cristo de la tumba es también nuestra resurrección, lo cual significa que nos dio novedad de vida. Todo por la obra de la cruz. *En los lugares celestiales*, literalmente "en el cielo", la esfera bajo el dominio completo de Dios, desde donde proceden todas sus bendiciones, las presentes y las eternas.

Sentarse con Cristo es ser copartícipe de las promesas del Padre celestial. Pero, estar sentado con Cristo implica también una participación total de sus padecimientos, así como de sus victorias. Para "sentarse con Él", es estar dispuesto a sufrir por su causa. Pablo le anticipa a Timoteo que debemos estar en todas las circunstancias, sean positivas o negativas, con Jesús hasta el final (2 Ti 2:11-13).

2: 8-10 *"Porque por gracia sois salvos por medio de la fe; y esto no de vosotros, pues es don de Dios; ⁹no por obras, para que nadie se glorie. ¹⁰Porque somos hechura suya, creados en Cristo Jesús para buenas obras, las cuales Dios preparó de antemano para que anduviésemos en ellas".*

Esta porción es una de las más claras definiendo los componentes de la salvación.

NOTA DOCTRINAL

El énfasis constante del escritor sobre la condición pasada de los creyentes, y la nueva vida, es para enarbolar la gracia del Señor. Le interesa defender la doctrina de la justificación, por la fe sola. La condición espiritual era humanamente irremediable al estar *muertos en pecados*, pero la vivificación fue iniciativa del Señor: *por gracia sois salvos*. El texto sagrado sentencia categóricamente que ningún mérito es suficiente para la salvación porque *esto no de vosotros, pues es don de Dios*. Nadie debe jactarse por su bendición actual, pues, la salvación es obra de la soberanía de Dios. Nadie debe atreverse a insinuar siquiera que se merece la salvación.

La salvación es producto del favor divino hacia la persona que le ama. Esta acción celestial no deja lugar para la jactancia, la indiferencia o el legalismo. La posición de salvos con derecho a las promesas divinas ha de ser la motivación constante a servirle con un corazón agradecido. Comprender la gracia se convierte en el acceso a las bendiciones celestiales. El redimido no debe ser indiferente a la adoración, la entrega o el servicio; ha de rendirlo todo correspondiendo a la bondad de Dios.

La conciencia del creyente ha de estar vacunada con la gracia. Que a nadie se le ocurra pensar que merece un lugar especial por su servicio y capacidades. Todo es por gracia: la justificación, el llamado, los dones, el liderazgo y ministerios, las bendiciones…

Existe una razón poderosa de la obra redentora de Jesús a favor de los hombres: *Para mostrar en los siglos venideros las abundantes riquezas de su gracia en su bondad para con nosotros en Cristo Jesús*. Después que el Señor haya ejecutado su programa escatológico, habrá millares de millares de seres celestiales que serán la evidencia de su gracia a través de los tiempos. Los seres celestiales, tanto ángeles como redimidos glorificados, reconocerán que Su gracia fue infinita. Apocalipsis capítulo 5 muestra una visión de ese gran día, el propósito redentor del Señor tiene alcances eternos. Él no ha improvisado, todo está trazado desde la eternidad. Recordar que desde el capítulo 1 de Efesios se establece esta verdad: los redimidos son "*para alabanza de su gloria*" (6,12,14).

**NOTA DOCTRINAL**

El de Tarso, establece también, con remache teológico, que la iglesia o redimidos no son producto de la casualidad; existe un propósito y plan celestial: **Porque somos hechura suya, creación en Cristo Jesús para buenas obras, las cuales preparó de antemano para que anduviésemos en ellas.** Las obras no garantizan nuestra salvación, pero son evidencia de una entendida fe. El concepto de la predestinación bíblica saludable corre por las venas de esta epístola. Desde luego que, no a la manera del sistema calvinista que, dicho sea de paso, insulta la naturaleza divina. Cuando el apóstol emplea el verbo "*predestinó*" sugiere que Dios en su omnisciencia sabía que muchos creerían y en base a ello preparó un plan celestial. El Sabio **preparó de antemano** obras para que camináramos en ellas.

Indica la expresión anterior que todo: los componentes de la vida espiritual, la salvación, el proyecto escatológico, la derrota definitiva del mal…fue diseñado por Él. Basta recordar que en Génesis se anuncia un plan eterno que tiene su conclusión en el Apocalipsis. Ese plan preparado por el Altísimo no es más que la demostración que tiene el control y cuidado de sus redimidos. Es por ello, que el creyente ya está sentado en los lugares celestiales con Cristo.

Reconciliación por medio de la cruz, Ef 2:11-22

2:11,12 "*Por tanto, acordaos de que otro tiempo vosotros, los gentiles en cuanto a la carne, erais llamados incircuncisión por la llamada circuncisión hecha con mano en la carne. ¹²En aquel tiempo estabais sin Cristo, alejados de la ciudadanía de Israel y ajenos a los pactos de la promesa, sin esperanza y sin Dios en el mundo*".

Antes de ser alcanzados por la gracia de Dios los gentiles estaban alienados de la ciudadanía divina. En primer lugar, no existía vínculo con el Mesías salvador del mundo porque estaban *sin Cristo*. Los efesios, como todos los gentiles, desde la perspectiva judía, no tenían un lugar en el plan divino. Según ellos, el Mesías sería sólo un bien para el judío, un redentor de la condición política y espiritual israelita. Pero ahora, debían entender que el Mesías Cristo Jesús, incluyó a los que no eran judíos de nacimiento, y a ellos también; por lo tanto, ahora se convirtieron en parte del plan redentor.

NOTA DOCTRINAL

El apóstol Juan reafirma la verdad teológica anterior cuando declara: *"A lo suyo vino, y los suyos no le recibieron. Mas a todos los que le recibieron, a los que creen en su nombre, les dio potestad de ser hechos hijos de Dios"* (Jn 1:12). ¡Qué bendición para toda la raza humana! Cristo abrió el camino para la reconciliación espiritual y, también racial de los pueblos.

A los que no compartían origen racial con ellos, los hacían sentir **alejados de la ciudadanía de Israel,** por tanto, destituidos de los privilegios religiosos y espirituales que Dios otorgó a los judíos, como descendientes de Abraham. Por esta razón, les costó mucho aceptar que aquellos alienados de las promesas, de un momento a otro fueran considerados como pueblo de Dios. Recuérdese que Pablo escribiendo a los romanos, enfatiza que de ellos eran los pactos, la ley, las promesas, los patriarcas y muchos beneficios más.

Se debe recordar que para los seguidores de Moisés la doctrina de la gracia fue una piedra de tropiezo. No se puede ignorar que a los judaizantes, enemigos acérrimos de Pablo, les causaba repulsa la enseñanza de la justificación por la fe. Debido a las diferencias de conceptos sobre la salvación eran una espina en el calzado del apóstol. Fue a aquellos a quienes se dirigió diciendo: *"Guardaos de los perros, guardaos de los malos obreros, guardaos de los mutiladores del cuerpo"* (Fil 3:2).

Los gentiles estaban también **ajenos a los pactos de la promesa.** Todos los pactos de los cuales el Mesías era el centro fueron hechos con Israel. Y ahora, claramente Pablo establece, también para los gentiles seguidores de Cristo.

Las promesas de ser un pueblo especial, un tesoro y gente santa, según los judíos, correspondían solamente a ellos por ser descendientes de los patriarcas. Así, como los planes de paz, justicia, prosperidad y victoria total en el futuro, pensaban que sólo eran para ellos. Romper estos prejuicios no fue tan fácil ni para Jesús ni para los apóstoles.

NOTA DOCTRINAL

La parábola del hijo pródigo de Lucas 15, contada por Jesús, tuvo este objetivo hermenéutico: aclarar que el Padre es un Dios de misericordia dispuesto a recibir al hijo derrochador (pródigo), mientras que el hijo mayor (judíos) se sentía inconforme y celoso por tal muestra de la gracia divina. La retórica del Maestro es una indirecta para la mente judía que se consideraba superior a los demás pueblos, y esto tiene cierta verdad, pero su superioridad es producto de la elección divina, no de sus méritos nacionales.

A Pedro le costó trabajo aceptar la orden de matar y comer en la visión que tuvo, y que se narra en Hechos 10; argumentaba no haber comido jamás nada inmundo. Y cuando llegó a casa de Cornelio todavía no entendía la gracia que se extendía, pues expresa de forma grosera e hiriente: *"vosotros sabéis cuan abominable es para un judío juntarse o acercarse a un extranjero..."* (Hch 10:28), pero al atestiguar la benevolencia de Dios sobre gentiles declaró: *"En verdad comprendo que Dios no hace acepción de personas..."* (Hch 10:34). Años después, ya pulido por la gracia, sostiene categóricamente que los gentiles redimidos también son *"linaje escogido, real sacerdocio y nación santa, pueblo adquirido por Dios..."*; además, recuerda que ellos antes no eran pueblo *"ni habían alcanzado misericordia"*, pero que ahora gozan de la sublime gracia divina (1 P 2:9,10).

Finalmente, los no judíos, dice Pablo, estaban perdidos *sin esperanza y sin Dios en el mundo*. Humanamente hablando, su condición pecaminosa y alienada era irremediable. Todo estaba en contra del pecador. En la epístola a los Colosenses que fue escrita en el mismo lugar (en la prisión) y que, además, es paralela a la de Efesios, Pablo establece que Cristo es la seguridad de nuestra fe. Describe los beneficios que tiene el creyente por la obra de Cristo. Publica que Jesús otorgó la victoria cuando en la cruz anuló *"el acta de los decretos que había contra nosotros, que nos era contraria, quitándola de en medio y clavándola en la cruz* (Col. 2:14). El sustantivo (*queirografon*) traducido *"acta"*, según Vine, era un documento escrito a mano que mencionaba una deuda.

En la declaración anterior de Pablo se refiere a la letra de la ley. Afirma que todo ser humano estaba bajo la condenación de la ley, judíos y gentiles; no porque ésta fuera mala e injusta, sino porque mostraba el pecado del hombre; además, nadie podía cumplirla a cabalidad. Era una deuda tan grande que era imposible liquidarla o satisfacerla a pesar de muchos esfuerzos humanos. Ahora a través de la fe en el Hijo de Dios podemos acercarnos *"confiadamente al trono de la gracia"*. Y todo, por la intercesión de nuestro Perfecto sumo sacerdote (Hebreos 4:14-16).

2:13-18 *Pero ahora en Cristo Jesús, vosotros que en otro tiempo estabais lejos, habéis sido hechos cercanos por la sangre de Cristo. 14 Porque él es nuestra paz, que de ambos pueblos hizo uno, derribando la pared intermedia de separación, 15 aboliendo en su carne las enemistades, la ley de los mandamientos expresados en ordenanzas, para crear en sí mismo de los dos uno solo y nuevo hombre, haciendo la paz, 16 y mediante la cruz reconciliar con Dios a ambos en un solo cuerpo, matando en ella las enemistades. 17 Y vino y anunció las buenas nuevas de paz a vosotros que estabais lejos, y a los que estaban cerca; 18 porque por medio de él los unos y los otros tenemos entrada por un mismo Espíritu al Padre.*

Con certeza, el apóstol expresa a los efesios que han **sido hechos cercanos por la sangre de Cristo**, es decir, participantes de los beneficios del pacto. En esta redacción magistral de Pablo desbarata todo prejuicio racial entre judíos y gentiles. Le da un golpe mortal al sentimiento de superioridad de los israelitas y una estocada final al complejo de inferioridad de los no judíos. En Cristo, dice el apóstol, no hay nada de que enorgullecerse. La obra expiatoria del Señor fue suficiente para acercar a todo ser humano, no solo con Dios, sino también con sus semejantes.

Porque él es nuestra paz, que de ambos pueblos hizo uno, derribando la pared intermedia de separación. El participio griego *luosas,* de acuerdo con los expertos en el idioma se traduce "desligar, disolver, dividir, quebrantar, demoler". En este versículo se traduce "derribar", refiriéndose a la eliminación de la pared de separación que existía entre gentiles y judíos.

El templo, se sabe, tenía una división entre el atrio de los judíos y el atrio de los gentiles. Separaba a ambos atrios una reja de tres codos en cuyas columnas había una inscripción por las que se prohibía cruzar por ella. Pablo la usa como una figura de separación entre gentiles y judíos. Fue únicamente por la obra expiatoria de Jesús que esas diferencias se esfumaron para dar paso a la unidad de la iglesia por la fe. Todas las diferencias raciales, culturales, económicas, físicas, y otras más, quedaron borradas con la obra de Jesús, pues abolió en su carne las enemistades... *haciendo la paz y mediante la cruz, reconciliar con Dios ambos en un solo cuerpo, matando en ella las enemistades.*

PARA MEDITAR

Cristo mediante su muerte instituyó el Nuevo Pacto y quitó las barreras que existían entre judíos y gentiles. En este pacto están incluidos todos los mortales sin distinción alguna. Nadie puede ni debe ostentar origen o categorías, mucho menos sentirse por encima de los demás porque insultaría la obra de Cristo. El creyente ha de asumir una actitud de humildad y reconocimiento de su lugar dentro de la iglesia de Jesús. Ni complejo de superioridad, ni de inferioridad; cada quien, debe estar ubicado espiritualmente (Ro 3:3).

Los judíos y los gentiles, sin discriminación alguna, tienen acceso a Dios por medio de Jesucristo *porque por medio de él los unos y los otros tenemos entrada por un mismo Espíritu al padre.* En el Salvador todos tienen acceso a las bendiciones y promesas divinas. El Espíritu Santo confiere a todo ser humano, cuando cree, una relación filial con el Padre. Es por medio de su Espíritu que todo creyente puede clamar: "¡*Abba, Padre!*", Y es también Él, quien testifica al interior de los creyentes *"que somos hijos de Dios"* (Ro 8:15-17). El Santo Paracleto otorga a cada creyente la confianza y seguridad de su pertenencia a la familia de Dios.

2:19-22 *Así que ya no sois extranjeros ni advenedizos, sino conciudadanos de los santos, y miembros de la familia de Dios, ²⁰ edificados sobre el fundamento de los apóstoles y profetas, siendo la principal piedra del ángulo Jesucristo mismo, ²¹ en quien todo el edificio, bien coordinado, va creciendo para ser un templo santo en el Señor; ²² en quien vosotros también sois juntamente edificados para morada de Dios en el Espíritu.*

Esta última sección del capítulo es la conclusión apostólica sobre el tema de la unidad que tiene el creyente en Cristo. La conjunción causativa "*así que*" se propone aclarar de una vez por todas que los creyentes judíos y gentiles jamás deben poner su origen racial como una barrera para la comunión con sus hermanos de fe, pues ahora son *conciudadanos de los santos, y miembros de la familia de Dios.*

NOTA DOCTRINAL

Todos lo que creen comparten los mismos privilegios y tienen el mismo destino celestial al igual que los patriarcas y profetas del AT, como hombres de Dios, pues, son edificados *sobre el fundamento de los apóstoles y profetas, siendo la principal piedra del ángulo Jesucristo mismo*. La piedra principal se ponía de forma que diera apoyo y firmeza a los muros. Eso es Cristo para el judío y para el gentil redimidos.

En la cátedra apostólica dirigida a los efesios se aclara que todos los creyentes junto con los profetas y los apóstoles forman un gran edificio espiritual. La figura del edificio expresa la poderosa unidad de todos los que pertenecen al Señor Jesucristo. Ahora judíos y gentiles son *edificados para morada de Dios en el Espíritu.* Sin distinción racial, los creyentes conforman el gran templo donde habita el Es-

EPÍSTOLA A LOS EFESIOS

CAPÍTULO 3

Ministerio de Pablo a los gentiles, Ef 3:1-13

3:1,2 *"Por esta causa yo Pablo, prisionero de Cristo Jesús por vosotros los gentiles; si es que habéis oído de la administración de la gracia de Dios que me fue dada para con vosotros;"*

Esta epístola es una de las grandes joyas que Dios ha dejado para su iglesia, en donde nuevamente el apóstol Pablo habla respecto a su ministerio como apóstol de Jesucristo para los gentiles, tal y como lo menciona en otras partes (1 Co 9; 2 Co 10,11; Gá 1:11-24; Col 1:24-29). Habiendo tratado antes el tema de la reconciliación con Dios por medio de la cruz, ahora vuelve a afirmar que por dicha causa se ha hecho prisionero ó cautivo de Cristo Jesús, para llevar el santo evangelio a sus vidas, considerándolo siempre un gran privilegio. A pesar de estar como prisionero de Roma terrenalmente hablando, el apóstol sentía la libertad de decir que era prisionero de Cristo, que ante muchos parecía ironía, pero ante la iglesia era un honor.

El apóstol les recuerda a los efesios sobre la administración de la gracia de Dios que le había sido otorgada por causa de ellos, es decir que como un mayordomo había sido elegido para ministrar las verdades del evangelio, enseñándoles lo correcto y encaminándolos a seguir una vida agradable delante de Dios.

 **PARA MEDITAR**

> Pablo se encontraba bajo un arresto domiciliario que bien a muchos nos podría dañar emocionalmente y aun espiritualmente por anhelar la libertad que antes se tenía. Sin embargo, el apóstol se adjudica el sobrenombre de prisionero de Cristo, estableciendo bien claro que lo que le acontecía era por ser un siervo del Señor, cumpliendo su ministerio. Es digno de imitar este gran ejemplo, para que a pesar de las luchas y pruebas que puedan venir, se muestre siempre una actitud valiente, sabiendo que la promesa dada por Jesús al despedirse, registrada en Mateo 28:20, se cumplirá: *"he aquí yo estoy con vosotros todos los días".*

3:3-6 *"que por revelación me fue declarado el misterio, como antes lo he escrito brevemente, leyendo lo cual podéis entender cuál sea mi conocimiento en el misterio de Cristo, misterio que en otras generaciones no se* *dio a conocer a los hijos de los hombres, como ahora es revelado a sus santos apóstoles y profetas por el Espíritu: que los gentiles son coherederos y miembros del mismo cuerpo, y copartícipes de la promesa en Cristo Jesús por medio del evangelio,"*

El apóstol Pablo con la seguridad que acostumbraba para referirse a la iglesia, les dice a los efesios que el misterio que posee ha venido por la revelación de Jesucristo su Señor y Salvador, entendiendo que un misterio es algo que antes estaba oculto y que Dios ha revelado. Años atrás el apóstol escribió a los Gálatas (Gá 1:11,12) que el evangelio que predicaba no fue recibido ni aprendido de algún hombre, *"sino por la revelación de Jesucristo"* Y que ha sido tal revelación la que lo ha llevado a seguir compartiendo el bendito evangelio, por cuanto agradó a Dios apartarlo desde el vientre de su madre para revelar a su Hijo en él. Sin duda, el conocimiento adquirido a través de la revelación le permitía al apóstol Pablo poder interpretar y hallar a la luz de la Escritura del Antiguo Testamento, que las diferencias entre los judíos y los gentiles, en cuanto a la redención han sido borradas.

Dentro de este capítulo se encuentra la palabra misterio en tres ocasiones, tomando en cuenta que era la forma en que el apóstol Pablo captaba la atención o bien anunciaba la verdad del evangelio de Jesucristo a las iglesias. En Efesios 1:9,10 habla sobre el misterio de la voluntad de Dios, y en distintas cartas usa la palabra misterio para acompañar la verdad que quería transmitir al pueblo de Dios. Por mencionar ejemplos:

- en Rom 11:25-36 cita el misterio de la restauración de Israel.

- en 1 Cor 2:7 habla sobre el misterio de la sabiduría de Dios.

- en 1 Cor 4:1 menciona el misterio de Dios.

- en 1 Cor 15:51-57 se refiere al misterio del arrebatamiento.

- en Ef 3:4 y 5:32 cita el misterio del cuerpo de Cristo. Igual en Col 1:24-26, 2:2 y 4:3.

- el misterio del evangelio en Ef 6:19.

- el misterio de la fe en 1 Ti 3:9.

- el misterio de la piedad en 1 Ti 3:16.

El apóstol Pablo menciona que el misterio de Cristo no había sido anunciado en generaciones pasadas a los hijos de los hombres y que ahora el Espíritu Santo ha revelado a sus santos apóstoles y profetas la verdad sobre los gentiles, quienes han sido llamados *"coherederos y miembros del cuerpo de Cristo, así como copartícipes de la promesa en Cristo Jesús por medio del evangelio"*. Si bien es cierto para los judaizantes esto era una abominación, pero para el apóstol era una verdad que Dios le había revelado y que tenía que seguir transmitiendo y enseñando.

Desglosando estas tres declaraciones que el apóstol Pablo hace referente a los gentiles:

- **en primer lugar, cita que ellos son coherederos** (del griego *sunkleronómos*, que significa *participante en común de la herencia*), es decir que aun cuando Israel había sido tomado por Dios como pueblo escogido para disfrutar de sus promesas (Romanos 9 y 10), por su duro corazón al no seguir y aceptar la justicia de Dios que estaba en la persona de Jesucristo, la misma justicia los condenó.

- **En segundo lugar, el apóstol menciona a los gentiles como miembros del mismo cuerpo de Cristo** del griego *sússomos* (que significa *compañero de la comunidad cristiana*), es decir que el sacrificio perfecto del Mesías alcanzaba salvación para el pueblo gentil y que una vez creyendo en su nombre los hacía acreedores de la gran bendición de ser sus discípulos; *"un misterio que había estado oculto desde los siglos y edades"* como lo cita en Colosenses 1:26-27.

- **Y por último los llama copartícipes de la promesa en Cristo,** la palabra copartícipe derivada de una palabra compuesta, del griego *summétojos* (que significa *una unión muy estrecha*), es decir que al ser copartícipes de la promesa en Cristo Jesús se hacían inmediatamente galardonadores de una relación muy estrecha, que por sí sola traía consigo bendiciones espirituales de parte de Dios por haber creído en el evangelio. Y que al involucrarse en vivir el santo evangelio, las promesas de Dios se manifestarían en ellos como iglesia amada.

Texto controversial

El comentario bíblico siglo XXI cita lo siguiente: El calificativo de "santos" dado a los apóstoles y profetas ha causado problemas. Algunos lo consideran una posterior restricción del catolicismo temprano a la expresión "los santos" que Pablo utiliza normalmente para referirse a todos los creyentes en Cristo. (La palabra gr. *hagios* puede ser un adjetivo que significa "santo, separado por Dios para algún uso en particular", o un sustantivo que signifique "santo", "apartado").

Como se sabe, el catolicismo ha adjudicado los términos "santo y santa" a los hombres y mujeres, que se destacaron en alguna forma dentro de la iglesia o se les atribuyó algún milagro. Originalmente, se aplicó a los apóstoles y luego a los sucesores del apóstol Pedro. En sus concilios fueron precisando algunos requisitos para adjudicar ese honor, básicamente que "hubieran realizado algún milagro", a petición de un creyente. El último "santo" más famoso fue el papa Juan Pablo II, a quien se le adjudicaron dos milagros y se le canonizó para llamarlo ahora "San Juan Pablo II" y poder rezarle pidiéndole algún favor.

La palabra "santos", se usa en las epístolas con toda normalidad aplicada a los creyentes de las iglesias. Y en ese sentido se usa al decir *"sus santos apóstoles y profetas".* (Pablo mismo se describe en el 3:8 como el menor de todos los santos). Más adelante en el 4:11, se mencionan como parte de los 5 ministerios. Es interesante notar que estos ministerios "desaparecieron" y luego "aparecieron" de nuevo. Por ejemplo, el ministerio de pastor, apareció de nuevo hasta la Reforma, con Lutero en Alemania, y el ministerio de evangelista hasta hace unos 250 años con las campañas de Wesley y asociados, en Inglaterra. Los apóstoles y profetas resurgieron fuertemente hasta finales del siglo pasado. Desde luego, el reconocimiento a las personas que así se nombran por ellos mismos, o por otros creyentes, es controversial".

3:7-9 *"del cual yo fui hecho ministro por el don de la gracia de Dios que me ha sido dado según la operación de su poder. A mí, que soy menos que el más pequeño de todos los santos, me fue dada esta gracia de anunciar entre los gentiles el evangelio de las inescrutables riquezas de Cristo, y de aclarar a todos cuál sea la dispensación del misterio escondido desde los siglos en Dios, que creó todas las cosas;"*

Mientras que los versículos del 1 al 6, muestran el misterio revelado al apóstol Pablo para los gentiles, ahora como parte de la iglesia, los versículos siguientes, muestran el ministerio encomendado al apóstol Pablo, donde él mismo dice que fue hecho ministro del evangelio para ellos, no por voluntad propia sino *por el don de la gracia de Dios que ha sido dado por la operación de su poder.*

El apóstol Pablo cita la palabra *ministro* del griego *diákonos,* que traducido es *servidor*. El Espíritu Santo de Dios le dio la capacidad para predicar con gran eficacia el evangelio del Señor Jesucristo, también como lo cita en Colosenses 1:25, que según la administración de Dios que le fue dada para con la iglesia, podía anunciar cumplidamente la palabra de Dios, entendiendo así los misterios ocultos que ahora han sido revelados por medio de la persona de Jesucristo.

El apóstol Pablo estaba consciente que era un transmisor de la gracia; consideraba su trabajo con una gran responsabilidad para no callar ante cualquier adversidad que se presentara. Cita también que el don gratuito que ha recibido de parte de Dios le ha hecho servidor y que su deber era enseñar las maravillas de su Hijo a través de la operación de su poder. El apóstol no tenía un ministerio sencillo, sabía que seguir a Cristo y obedecerle traería consigo mucho sufrimiento, pero sin duda estaba dispuesto a pagar el precio.

La declaración del apóstol al decir soy menos que el más pequeño de todos los santos, viene de una profunda humildad en su corazón y un reconocimiento que no merecía la gracia que había actuado sobre él. Podría haberse sentido indigno de tal responsabilidad al recordar aquel momento que cita Hechos capítulo 9, cuando se dirigía a Damasco con órdenes de seguir asolando a la iglesia, pero que al encontrarse con el Señor Jesucristo su vida había cambiado por completo. Esta denotación del apóstol viene acompañada de sinceridad y gratitud por lo que Dios ha puesto en su vida al darle la gracia de anunciar el santo evangelio entre los gentiles y contarles sobre las inescrutables riquezas de Cristo.

La palabra inescrutable viene del griego *anexijníastos,* que se traduce como *algo que no se puede rastrear*. Es decir, que son infinitas las riquezas que Cristo tiene para su iglesia y que en ningún momento podrían agotarse. El apóstol Pablo en el capítulo 1:17-23, ya había mencionado al Padre celestial como el dador de un espíritu de sabiduría y de revelación en el conocimiento de Él, para poder ser alumbrados y contar con entendimiento para identificar *"cuáles son las riquezas de la gloria de su herencia en los santos".*

"y de aclarar a todos cuál sea la dispensación del misterio escondido desde los siglos en Dios, que creó todas las cosas;"

Asimismo, cita la palabra *aclarar* del griego *fotízo,* que significa *"echar luz sobre algo",* en pocas palabras era responsable de cumplir con la tarea de hacer más fácil la comprensión del evangelio que le había sido revelado. Este propósito divino que radicaba en la nueva dispensación como el tiempo de los gentiles, era un misterio escondido, pero que ahora a través de Jesucristo lo íntimo del corazón de Dios había sido revelado al mundo.

 **PARA MEDITAR**

Una gran enseñanza nos deja Pablo en el sentido de la humildad y el despojo del orgullo o vanagloria que pudieron haberse presentado a su vida. Ya que en la actualidad han surgido muchos que niegan la cruz de Cristo con sus actos al quitarle la gloria a Aquel que vive y reina por los siglos de los siglos, adjudicándose "que es por sus declaraciones" que el reino de los cielos se establece en tal iglesia o en tal lugar. Declaraciones como "yo declaro" o "yo decreto" se oyen con frecuencia en ciertos círculos. Un lenguaje que se debe evitar.

3:10-13 *"para que la multiforme sabiduría de Dios sea ahora dada a conocer por medio de la iglesia a los principados y potestades en los lugares celestiales, conforme al propósito eterno que hizo en Cristo Jesús nuestro Señor, en quien tenemos seguridad y acceso con confianza por medio de la fe en él; por lo cual pido que no desmayéis a causa de mis tribulaciones por vosotros, las cuales son vuestra gloria"*

El apóstol Pablo hace referencia a la misión de la iglesia en este mundo con respecto al misterio revelado y ministerio conferido por el Señor. Ya que, estando el apóstol encarcelado, la iglesia tenía que seguir haciendo frente a la lucha contra principados y potestades, reconociendo que Jesucristo estaba con ellos y que ante su nombre todo principado y potestad se sujetaba bajo sus pies.

Para ello, les hace notar que la multiforme sabiduría de Dios estaba presente en sus vidas para tomar sabias decisiones y seguir encaminados a cumplir con el propósito eterno del Señor Jesucristo; aquí la palabra *multiforme* viene del griego *polupókilos* que significa *grande diversidad*, es decir Dios estaba dispuesto a brindarles la abundante gracia y la completa seguridad para seguir proclamando su nombre, como una iglesia dotada.

El acceso que Cristo Jesús había logrado para recibir las bendiciones de parte de Dios tenía que ser un elemento que no podrían olvidar. Qué Cristo como cabeza de su iglesia les daría confianza por medio de la fe en El, para hacer las obras de Dios en la tierra en medio de un mundo lleno de pecado y dominio por el enemigo. Posiblemente al mencionar *a los principados y potestades en los lugares celestiales*, se refería a los poderes que gobiernan la oscuridad de la región espiritual (Ef 6:12; Daniel 10:13,20-21). Aunque la primera interpretación es que se refiera a los ángeles buenos (Col 1:16), los cuales contemplan la asombrosa sabiduría que Dios demuestra por medio de la iglesia (1 P 1:10-12) (B. de estudio pentecostal Pág. 1688)

El apóstol Pablo les pide que no desmayen, que sigan adelante en el camino del Señor, que las tribulaciones que él mismo ha pasado deben ser un ejemplo y un estímulo para ellos, a fin de seguir predicando a Cristo sin ningún temor.

 **PARA MEDITAR**

Una gran enseñanza nos deja Pablo en el sentido de la humildad y el despojo del orgullo o vanagloria que pudieron haberse presentado a su vida. Ya que en la actualidad han surgido muchos que niegan la cruz de Cristo con sus actos al quitarle la gloria a Aquel que vive y reina por los siglos de los siglos, adjudicándose "que es por sus declaraciones" que el reino de los cielos se establece en tal iglesia o en tal lugar. Declaraciones como "yo declaro" o "yo decreto" se oyen con frecuencia en ciertos círculos. Un lenguaje que se debe evitar.

El amor que excede a todo conocimiento, Ef 3:14-21

3:14,15 *"Por esta causa doblo mis rodillas ante el Padre de nuestro Señor Jesucristo, de quien toma nombre toda familia en los cielos y en la tierra,"*

Una oración pastoral: El apóstol en muchas ocasiones hace notar a la iglesia que sus oraciones delante de Dios por ellos siempre han estado presentes. Que su deseo es verles, crecer en la fe y madurar en el camino que han decidido seguir por el regalo tan hermoso dado por Dios en la persona de Jesucristo. No es una oración ligera sino un pensamiento profundo que lleva al apóstol a una intercesión sincera delante de Dios.

> **Una oración pastoral (continuación):**
> Es una oración pastoral en toda la extensión de la palabra, ya que el apóstol Pablo había fundado esa iglesia en la ciudad de Éfeso al compartir el mensaje en aquel lugar, y se sentía con la responsabilidad de que esa comunidad cristiana se fortaleciera y creciera permanentemente en todos sentidos.

Se debe recordar que el Apóstol se encontraba en prisión por causa del evangelio y que, aun así, a pesar de su condición no dejaba de orar por la iglesia. Qué bella escena se puede imaginar al ver al apóstol Pablo puesto de rodillas y a su Padre Celestial viendo el corazón de su hijo clamando por la iglesia amada. Es notable que cita la expresión *"familia en los cielos y en la tierra"*, tal vez refiriéndose a Dios como creador de todos los seres vivientes, tanto angelicales como humanos y todos sujetos a su voluntad.

3:16-19 *"para que os dé, conforme a las riquezas de su gloria, el ser fortalecidos con poder en el hombre interior por su Espíritu; para que habite Cristo por la fe en vuestros corazones, a fin de que, arraigados y cimentados en amor, seáis plenamente capaces de comprender con todos los santos cuál sea la anchura, la longitud, la profundidad y la altura, y de conocer el amor de Cristo, que excede a todo conocimiento, para que seáis llenos de toda la plenitud de Dios".*

La oración del apóstol está dividida en tres peticiones:

La primera de ellas es que el apóstol pide a Dios que les dé conforme a sus riquezas en gloria el ser fortalecidos con poder **en el hombre interior** por su Espíritu, dejando para siempre el viejo hombre que una vez estuvo en sus vidas y que reine aquel que fue hecho a la imagen de Cristo. La fortaleza que brinda el Espíritu Santo en la vida del creyente es fundamental.

La segunda petición del apóstol es la de que una vez que los creyentes han sido fortalecidos por el Espíritu Santo, la fe en Cristo sea una realidad en sus corazones, no dando lugar a la mentira y a los deseos de este mundo y cimentados firmemente en la Roca, *seáis plenamente capaces de comprender con todos los santos cuál sea la anchura, la longitud, la profundidad y la altura,* [.]

Comprendiendo las cuatro dimensiones espirituales, por así decirlo, en donde no escape ninguna pizca del amor de Cristo. Ya que es por la cimentación en su amor que la iglesia podría seguir caminando para gloria del nombre de Cristo.

La tercera petición que el apóstol hace es que al conocer el amor de Cristo en toda su dimensión, automáticamente el creyente *sea lleno de toda la plenitud de Dios,* habitando constantemente en su presencia.

 **PARA MEDITAR**

La oración del apóstol Pablo en los diferentes puntos o áreas antes mencionadas, nos deja en claro que su amor por la iglesia iba más allá de su propio bien, ya que su mayor satisfacción era que el Señor cumpliera su propósito en ellos. Esto es de resaltarse, ya que el sufrimiento que sentía estando encarcelado lo convertía en gozo, al interceder por sus hermanos con tanto amor, pidiendo que el Señor llenara cada aspecto de sus vidas. Esta práctica debiera ser común en maestros y líderes que ministran a algún grupo dentro de la congregación. En los pastores, por seguro es algo habitual.

3:20,21 *"Y a Aquel que es poderoso para hacer todas las cosas mucho más abundantemente de lo que pedimos o entendemos, según el poder que actúa en nosotros, a él sea gloria en la iglesia en Cristo Jesús por todas las edades, por los siglos de los siglos. Amén".*

Esta doxología que el apóstol Pablo cita es un himno de alabanza y agradecimiento a Dios, en donde pone fin a la primera parte de la Epístola a los Efesios que es referente a la doctrina de Jesucristo respecto a la iglesia. En los primeros tres capítulos, el Apóstol ha tratado de explicar las bendiciones ganadas por Cristo y el privilegio de recibirlas. Finalmente, con la explicación del misterio en torno de la iglesia y su apostolado hacia los gentiles.

Ante estas maravillas del plan redentor de Dios, el apóstol Pablo termina diciendo que Dios es poderoso para sobrepasar aquellas cosas que pudiéramos pedir y que, sin entenderlo su poder actúa en nosotros para bien. Ya que Él sabe todas las cosas, y que la iglesia debe darle gloria a su Hijo por los siglos de los siglos. Por dos mil años la iglesia ya lo ha hecho.

EPÍSTOLA A LOS EFESIOS

CAPÍTULO 4

La unidad del Espíritu Ef 4: 1-16

4:1a *Yo, pues, preso en el Señor...*

 NOTA HISTÓRICA

En Hechos 18:24 a 19:41, se narra que existía en Éfeso una sinagoga judía, que coexistía con un prominente templo dedicado a la diosa Diana, que ha sido considerado como una de las siete maravillas del mundo antiguo; y como sucede paralelamente abundaba la magia negra. Ante los efesios, los judíos ya habían demostrado la ineficacia de su religiosidad, cuando un demonio había dominado a los hijos de Esceva, jefe de los sacerdotes, que eran exorcistas ambulantes y que aquel hecho bochornoso, había quedado de manifiesto ante todo el pueblo (Hch 19:11-18).

Es de esperar que existiera un pleito generalizado entre judíos, romanos dominadores, griegos y personas de otras nacionalidades que habían llegado allí, y constituían una sociedad cosmopolita que creía cualquier cosa tradicional o religiosa existente. A ese mosaico llegaron Pablo y Apolos, a predicar sobre una nueva creencia que se sostenía por las señales y milagros que en el nombre de "un tal Jesús de Nazaret" se realizaban

La expresión: *yo, pues, preso en el Señor,* (en Roma, como se cree) tenía un significado sustancial y definitivo para los hermanos efesios. Estar preso en la cárcel, era la evidencia irrefutable de que Pablo no corría en favor de aquellas decadentes corrientes políticas, religiosas o filosóficas y que lo que predicaba era diferente. El estaba viviendo la única realidad que caracteriza al verdadero discípulo de Jesús: *"Las zorras tienen madrigueras, y las aves de los cielos tienen nidos; mas el Hijo del Hombre no tiene donde recostar su cabeza"* (Mt 8:20). Pablo no tenía precio; nadie pudo comprarlo ni seducirlo con corrientes mundanas de este siglo. La cárcel era el único lugar donde podía permanecer sin desestabilizar los cánones del poder temporal, donde Satanás es rey y señor. Ser un prisionero por la causa de Cristo le dio credibilidad ante los creyentes efesios y lo pone a la altura de aquellos héroes de la fe de la lista de Hebreos 11 y de quienes el Espíritu Santo dice: *"de los cuales el mundo no era digno"* (Hebreos 11:38).

4:1b-2 *"os ruego que andéis como es digno de la vocación con que fuisteis llamados, con toda humildad y mansedumbre, soportándoos con paciencia los unos a los otros en amor".*

Una comunidad gentil de procedencias tan diversas y variadas, enfrentaba frecuentemente fricciones y desavenencias. Humildad, mansedumbre, paciencia y amor son las virtudes que deben estar presentes en los creyentes para que pueda existir una convivencia sana entre ellos. Aunque tales virtudes surgen en el creyente como fruto del Espíritu (Gálatas 5:22), han de cultivarse a través del esfuerzo consciente y tesonero. Si así no fuera, la exhortación paulina hubiese estado de más.

"solícitos en guardar la unidad del Espíritu en el vínculo de la paz;" Además del culto a la diosa Diana, la población era muy dada a las prácticas de la magia negra. Así las cosas, muchos miembros de la iglesia ya constituida durante la estancia de Pablo en Éfeso, y muchos miembros nuevos y simpatizantes que se acercaban a Cristo, podían caer, por falta de enseñanza, en manifestaciones espirituales extrañas que no se ceñían al Espíritu de Cristo. *El vínculo de la paz* era condición indispensable de toda manifestación espiritual en el culto cotidiano de la iglesia. El Espíritu Santo es apacible, benigno y lleno de buenos frutos. *"Amados no creáis a todo espíritu, sino probad los espíritus si son de Dios; porque muchos falsos profetas son salidos en el mundo"* (1 de Jn 4:1). Además, la sabiduría que procede de Dios es pacífica: *"Pero la sabiduría que es de lo alto es primeramente pura, después pacífica, amable, benigna, llena de misericordia y de buenos frutos, sin incertidumbre ni hipocresía"* (Santiago 3:17).

"Un cuerpo, y un Espíritu, como fuisteis también llamados en una misma esperanza de vuestra vocación; ⁵un Señor, una fe, un bautismo, un Dios y Padre de todos, ⁶el cual es sobre todos, y por todos, y en todos. ⁷Pero a cada uno de nosotros fue dada la gracia conforme a la medida del don de Cristo". Aquí, al mismo tiempo que Pablo abona a favor de la armonía y la unidad entre los creyentes, va preparando el camino para abordar el asunto de los ministerios que ya se empezaban a darse en las iglesias y que debían ser reconocidos por los efesios. Estos ministerios lejos de ser posiciones de autoridad o privilegio, debían y deben estar bien unidos e integrados al propósito original de la iglesia.

La conjunción adversativa "pero", señala una excepción. Significa que, aunque todos estamos en un mismo cuerpo y bajo un mismo bautismo y un mismo Señor, en lo individual según la *medida del don de Cristo,* se desempeñarán diversas funciones y ministerios.

4: 8-11 *"Por lo cual dice: Subiendo a lo alto, llevó cautiva la cautividad, Y dio dones a los hombres. ⁹Y eso de que subió, ¿qué es, sino que también había descendido primero a las partes más bajas de la tierra? ¹⁰ El que descendió, es el mismo que también subió por encima de todos los cielos para llenarlo todo. ¹¹Y él mismo constituyó a unos, apóstoles; a otros, profetas; a otros, evangelistas; a otros, pastores y maestros"*.

"Por lo cual dice: Subiendo a lo alto, llevó cautiva la cautividad, Y dio dones a los hombres". Pablo aquí está citando el Salmo 68:18 que dice: *"Subiste a lo alto, cautivaste la cautividad, tomaste dones para los hombres, y también para los rebeldes, para que habite entre ellos Jehová Dios"*. El Salmista originalmente escribió: *"tomaste dones para los hombres"*, sin embargo, Pablo escribió: *dio dones a los hombres,* presentándose aquí una aparente contradicción. Según Mathew Henry el verbo hebreo, *laqaj* que se usó en el Salmo 68:18 se tradujo como "tomaste", siendo que tal verbo tiene un significado ambivalente y es "tomaste para dar". A fin de resolver esta aparente contradicción, M.Henry presenta en su comentario la traducción más aproximada, en su concepto: *"Subiste a lo alto aprisionando a los hombres que trajiste como cautivos. Tomaste hombres como dones y también los donaste para tu pueblo y aún para los gentiles, para que habite Jehová entre ellos"*.

Entendido así el texto citado por Pablo en Efesios 4:8, se desprende que esos cautivos somos los creyentes que desde nuestra salvación quedamos como servidores voluntarios, y que cual dones en botín de guerra, Dios los recibe y luego los regala a la iglesia.

"Y eso de que subió, ¿qué es, sino que también había descendido primero a las partes más bajas de la tierra?"

Este es un pasaje que confirma lo que en otras partes de las Sagradas Escrituras se revela, y es precisamente el hecho que existía un sitio en lo profundo de la tierra a donde Jesús descendió al morir en la cruz.

En Mateo 12:40 Jesús anunció: "como estuvo Jonás en el vientre del gran pez tres días y tres noches, *así estará el Hijo del Hombre en el corazón de la tierra* tres días y tres noches" Otros textos lo confirman: Salmo 16:10, Heb 2:14,15.

Los cautivos que fueron *"tomados"*, (Sal 68:18) fueron todos los santos que habían muerto, desde Abel hasta Cristo. Ellos estaban vivos en alma y espíritu, desde que murieron físicamente, lo cual prueba la importante enseñanza bíblica de la inmortalidad del alma. Cristo no habría *"llevado"* almas muertas.

Ahora, cuando un cristiano muere, ya no va a las partes bajas de la tierra, como antes de Cristo, sino que es trasladado directo a los cielos, a esperar la resurrección del cuerpo (2 Co 5:6-8; Fil 1:21-24; Heb 12:22,23: Ap 6:9-11

"El que descendió, es el mismo que también subió por encima de todos los cielos para llenarlo todo. 11 Y él mismo constituyó a unos, apóstoles; a otros, profetas; a otros, evangelistas; a otros, pastores y maestros..." En el Salmo 68:18, se está hablando de Dios como Rey guerrero que subió a lo alto con la multitud de cautivos que capturó después de su triunfo en la batalla verificada en El Calvario. ¿Quién es este Rey guerrero que subió a lo alto? Es aquel que también había descendido a las partes más bajas de la tierra, y no es otro, sino Cristo. También es el único que subió por encima de todos los cielos para llenarlo todo. Es Cristo de quien se está hablando en este Salmo. Él es el que constituyó a unos apóstoles, a otros profetas, a otros evangelistas y a otros pastores y maestros.

Este equipo de cinco ministerios es indispensable para el desarrollo de la iglesia. Tales ministerios deben ser aceptados y respetados como un regalo de Dios.

La revisión que Valera hizo de la traducción de Casiodoro de Reina en 1602, dice en este texto: *"Y él mismo dio unos, ciertamente apóstoles; y otros, profetas; y otros, evangelistas; y otros, pastores y doctores;"* Además Cipriano de Valera, en su completa revisión a Casiodoro de Reina, su amigo, no tradujo *"constituyó"* sino "dio". Dios dio a esos hombres de los cinco ministerios como dones, como un regalo suyo para la iglesia. Saber que Dios "dio" esos hombres como un regalo, tiene una distinta connotación que "constituyó". Esos ministerios no son un don que Dios da a ciertos hombres como los dones del Espíritu Santo, sino que son hombres con ministerios santos e inherentes a sus personas. Ser Apóstol, Profeta, Evangelista, Pastor o Maestro (doctor), revela que no es que Dios haya dado habilidades especiales a los hombres, sino que dio hombres especiales a la iglesia como regalo para la edificación de su propio cuerpo. Visto de esta manera podemos justipreciar el desempeño de estos ministerios y ser capaces de valorarlos y no menospreciarlos, mucho menos tratarlos con sarcasmo o burla.

Es notable lo que el Salmo 68:18b, expresa: *"Y también para los rebeldes, para que habite entre ellos Jehová Dios"*, indicando que la operación activa de esos cinco ministerios hace que "Dios habite entre", o "sea cercano a", es decir a aquellos hombres, los redimidos de la iglesia que en otro tiempo eran "extraños o rebeldes".

- Esta cercanía se manifiesta de manera real y verdadera en el ministerio de los apóstoles (revelación apostólica).

- Con los profetas (proclamación profética) en el sentido general para la iglesia y en el sentido particular para cada creyente. La Biblia registra la existencia de profetas neotestamentarios en Hechos 13: 1-3. (Ver el desempeño de Agabo en Hechos 21: 10-12).

- Dios se manifiesta mediante la unción especial del evangelista que opera milagros y maravillas que impactan y persuaden a los hombres para que crean y se salven.

- El Señor desde luego se hace cercano mediante el cuidado especial y sabio que el pastor proporciona a cada oveja guiándole, animándole y afirmándole en la fe.

- El maestro, o doctor, es aquel que despliega una función especial desentrañando el significado de las Escrituras, poniéndolas al alcance de los neófitos o de los avanzados, para su desarrollo en el Señor.

Son hombres especiales dados personalmente como regalo para la iglesia. Es por ello que todos los creyentes deben saber que: 1) Existen; 2) son de Dios; 3) Deben ser aceptados y honrados como tales.

4: 12,13 "**A fin de** *perfeccionar a los santos para la obra del ministerio, para la edificación del cuerpo de Cristo,* ¹³*hasta que todos lleguemos a la unidad de la fe y del conocimiento del Hijo de Dios, a un varón perfecto, a la medida de la estatura de la plenitud de Cristo;*"

De esta declaración se pueden percibir dos cosas: 1.- Que los santos, los creyentes, los miembros de la iglesia, no son perfectos. Tienen defectos que se irán subsanando a medida que avanzan en la vida cristiana. 2.- Que (por inferencia) mientras haya en la tierra un santo que perfeccionar, los cinco ministerios estarán vigentes. Éstos, han de acompañar a la iglesia, el cuerpo de Cristo todo el tiempo de su militancia temporal. *Hasta que todos lleguemos a la unidad de la fe y del conocimiento del Hijo de Dios.*

La unidad de la fe, se refiere a que la iglesia acepte normas y estándares en donde no haya diferencias sustanciales por las cuales la iglesia esté cercenada o dividida. Aplica aquí la antigua premisa de la convivencia entre las denominaciones, producto de la Reforma Religiosa de los siglos XVI-VII que tanta luz ha traído a través de los tiempos: "En lo esencial, unidad; en lo no esencial, libertad; y en todo, caridad".

NOTA HISTÓRICA

CONEMEX (Confraternidad Evangélica de México) la Organización cristiana formada en 1982 con la inclusión de las principales Denominaciones y Movimientos cristianos, hizo suyo ese lema de la Reforma. El Director General de este Comentario, (BICAD), Pbro. Teófilo J. Aguillón, fue el primer presidente, teniendo como vicepresidentes al Obispo de la Iglesia Metodista, Pbro. Alejandro Ruiz y al Lic. Sergio García Romo, de la Iglesia Presbiteriana; además de muchos otros líderes, tales como David Enríquez, Agustín Acosta, Abraham Alvarez, Juan M. Isáis, Mayor Roberto Frías, C.P. Sergio Dávila, Vidal Valencia, Lic. Jonás Flores, Cirilo Cruz, Manuel Rodríguez, miembros de variados Movimientos que han fungido como parte de la mesa directiva. A través de los años han participado como directivos, los Pbros. Alfonso de los Reyes, Isaí Montoya y Ramiro Ruiz y Fernando Figueroa de Asambleas de Dios y otros más.

> CONEMEX fue la Organización Evangélica que el presidente Salinas de Gortari, consultó, cuando realizó la reforma al Artículo 130, que otorgó personalidad legal a las iglesias evangélicas, reconociéndolas como Asociaciones Religiosas desde 1990.

A un varón perfecto, a la medida de la estatura de la plenitud de Cristo. Aquí Pablo apunta hacia el destino final de la iglesia. La Iglesia está destinada a alcanzar la estatura de Cristo mismo. A una unidad con Él, de tal forma que tengamos la misma esencia, la misma sustancia y la misma estatura, *"la plenitud de Cristo"*.

4:14,15 *"Para que ya no seamos niños fluctuantes, llevados por doquiera de todo viento de doctrina, por estratagema de hombres que para engañar emplean con astucia las artimañas del error, sino que siguiendo la verdad en amor, crezcamos en todo en aquel que es la cabeza, esto es, Cristo..."*

Pablo dice que habrá un período en el que la iglesia habrá madurado de tal manera, que militará en este sistema temporal de cosas, sin fluctuar como niños llevados de aquí para allá. Estos vientos de doctrina son el producto de hombres engañadores que convencen con artimañas tales, como la secularización del evangelio, el humanismo, la culturización del evangelio, la tradición, las costumbres sociales y hasta herejías directas abiertas y opuestas a Dios.

...siguiendo la verdad en amor. Se puede seguir la verdad sin amor.

La filosofía eso pretende, encontrar la verdad pero sin amor. Hay quienes pretenden seguir el amor, pero sin considerar la verdad. Sólo en Cristo se da el verdadero equilibrio que Dios quiere. ¿Qué es la verdad? Preguntó Pilato. Cristo dijo: "Yo soy la verdad". ¿Qué es el amor? podría preguntar el disputador de este siglo, la Biblia lo dice claramente, ¡Dios es amor!

...crezcamos en todo... Significa que el crecimiento del creyente debe ser integral y completo, no sólo en un sentido especial. *"No he rehuido anunciaros todo el consejo de Dios"* (Hch 20:27). Hay quienes crecen en conocimiento, pero descuidan la fe. Otros crecen en fe, pero descuidan el amor. Otros pretenden crecer en amor, pero dejan de lado las Sagradas Escrituras. Otros pretenden crecer en santidad, pero descuidan otras virtudes.

Pablo dice: **crezcamos en todo** pero *en aquel que es la cabeza, esto es, Cristo.* Siempre salvaguardando el motivo único de nuestro ejercicio como iglesia. Nuestra profesión de fe es Cristocéntrica y no antropocéntrica. El centro de nuestra vida no es el hombre sino Jesucristo, el Hijo de Dios.

4:16 *"de quien todo el cuerpo, bien concertado y unido entre sí por todas las coyunturas que se ayudan mutuamente, según la actividad propia de cada miembro, recibe su crecimiento para ir edificándose en amor".*

De aquí, Pablo establece y crea conciencia de que el funcionamiento armonioso de la iglesia involucra la participación de cada miembro con su individualidad. Unidad en la diversidad, en la que el elemento aglutinante es el amor.

La nueva vida en Cristo, Ef 4:17-32

4: 17-19 *"Esto, pues, digo y requiero en el Señor: que ya no andéis como los otros gentiles, que andan en la vanidad de su mente, teniendo el entendimiento entenebrecido, ajenos de la vida de Dios por la ignorancia* *que en ellos hay, por la dureza de su corazón; los cuales, después que perdieron toda sensibilidad, se entregaron a la lascivia para cometer con avidez toda clase de impureza.*

Dos cosas son las causas del desenfreno pagano:

1.- La ignorancia. Es la ignorancia de la voluntad de Dios, la que hace errar y pecar al hombre natural, al hombre impenitente. Es por ello que la palabra de Dios debe ser enseñada, proclamada, distribuida, publicada, etc. Cuando la Biblia es leída seriamente por una persona, esa persona no volverá a ser la misma. *"Así será mi palabra que sale de mi boca, no volverá a mi vacía sino que hará lo que yo quiero y será prosperada en aquello para que la envié"* (Isaías 55:11)

2.- Dureza del corazón. Esta se da en personas que aun cuando ya conocen la Escritura y quedando convencidos por sus enseñanzas, siguen resistiendo su aplicación en sí mismos, hasta que se insensibilizan y caen en degeneración, *"cometiendo con avidez, toda clase de impureza"*. También pueden ser aquellos que se volvieron atrás del santo mandamiento y son *"como el perro que vuelve a su vómito o la puerca lavada que vuelve al cieno"* (2 Pedro 2:22).

4:20,21 *"Mas vosotros no habéis aprendido así a Cristo, si en verdad le habéis oído y habéis sido por él enseñados, conforme a la verdad que está en Jesús"*. Siendo Pablo de un carácter punzante e incisivo, lanza un desafío hacia los creyentes en el cual pone en duda su conversión. *Si en verdad,* parafraseando a Pablo, esto bien podría sonar así: "es posible que no le habéis oído ni habéis sido enseñados por Él. Es posible que hasta aquí lo de ustedes ha sido un engaño y una simulación". Esta retórica usó Pablo en varias ocasiones y le funcionaba:

⇒ *"Me temo de vosotros, que haya trabajado en vano"* (Gálatas 4:11)

⇒ *"Porque algunos no conocen a Dios, para vergüenza vuestra lo digo"* (1 Corintios 15:34)

⇒ *"Examinaos a vosotros mismos si estáis en la fe; probaos a vosotros mismos. ¿O no os conocéis a vosotros mismos, que Jesucristo está en vosotros, a menos que estén reprobados?"* (2 Co 13:5)

Demoledoras palabras que en su tiempo sacudían y siguen sacudiendo las conciencias de los creyentes.

4:22-24 *"En cuanto a la pasada manera de vivir, despojaos del viejo hombre, que está viciado conforme a los deseos engañosos, y renovaos en el espíritu de vuestra mente, y vestíos del nuevo hombre, creado según Dios en la justicia y santidad de la verdad"*.

Una cosa debía saber los efesios como creyentes que comenzaban a vivir en Cristo, y era la batalla interior entre dos naturalezas irreconciliables. Esta batalla es la que se da entre el espíritu y la carne, entre el alma y el espíritu. *"Amados, yo os ruego como a extranjeros y peregrinos, que os abstengáis de los deseos carnales que batallan contra el alma"* (1 P 2:11) *"Porque el deseo de la carne es contra el Espíritu, y el del Espíritu es contra la carne; y éstos se oponen entre sí para que no hagáis lo que quisiereis"* (Gálatas 5:17).

Son los deseos engañosos del "hombre viejo" y los impulsos de la mente espiritual del "nuevo hombre". Cuando un creyente no está advertido de esta lucha interna que se desata desde el primer día de su conversión, entonces queda expuesto a obedecer los deseos de la carne. ... *y vestíos del nuevo hombre creado según Dios en la justicia y santidad de la verdad.* Esta nueva criatura que ha nacido y se conoce como el "nuevo hombre" se inclinará siempre a favor de la justicia y la santidad, pero deberá ser siempre bajo los requerimientos ineludibles de la verdad. ¿Cuál verdad? No la verdad filosófica, no la verdad mística o religiosa, sino la verdad de Jesucristo revelada en las Sagradas Escrituras. *"Santifícalos en tu verdad, tu palabra es verdad"* (Jn 17:17).

4:25 *"Por lo cual desechando la mentira, hablad verdad cada uno con su prójimo; porque somos miembros los unos de los otros"*. El hombre natural está habituado a mentir todo el tiempo. En la iglesia ese pecado es inaceptable, el creyente que sigue mintiendo algún día parará en el infierno. *"…y todos los mentirosos tendrán su parte en el lago que arde con fuego y azufre…"* (Ap 21:8) *"Los labios mentirosos son abominación del Señor, pero los que obran fielmente son su deleite"* (Prov 12:22).

4:26-27 *"Airaos, pero no pequéis, no se ponga el sol sobre vuestro enojo, ni déis lugar al diablo"*. Un cierto grado de enojo o indignación, es permitida en los creyentes, pero sin llegar al extremo del rencor grave y permanente, que como raíz de amargura, pueda carcomer su vida espiritual. Existe el recurso del perdón que dijo Cristo: *"Y cuando estéis orando, perdonad…"* (Mc 11: 25)

"No se ponga el sol sobre vuestro enojo". **Incomparable consejo.** Especialmente aplicable en las relaciones de familia. Cuando los esposos no dejan que, literalmente, amanezca otro día sin haber limado asperezas, pedido perdón por alguna palabra que dañó o insultó, que afectó los sentimientos del cónyuge o de los hijos. Cuánta tristeza ha causado, saber que tal pareja lleva dos semanas enojados o que una madre y su hija tienen 15 días sin hablarse. Esta buena actitud para que se acabe el enojo, debe aplicarse a las relaciones con creyentes o compañeros de trabajo. Nada honraría más nuestra nueva vida en Cristo.

"ni déis lugar al diablo". ¡Cuántas ofensas se han resuelto en la cámara secreta de la oración cuando perdonamos al prójimo en la presencia de Dios! Podemos perdonar como una decisión unilateral en la que el ofensor, consiente o no, de habernos hecho daño, queda perdonado según el método de Dios propuesto en este versículo. Cuando perdonamos y pedimos perdón de manera pronta y expedita, el diablo pierde un punto de apoyo por el cual nos puede destruir.

4:28 *"El que hurtaba, no hurte más, sino trabaje, haciendo con sus manos lo que es bueno, para que tenga qué compartir con el que padece necesidad"*.

Robar es un pecado obsceno e indecente, está junto al adulterio, al homosexualismo, a la idolatría y otros, citados en 1 Corintios 6:9. Robar está en la lista de "pecados dignos de excomunión", es decir, amerita la expulsión de la iglesia de Cristo. En 1 Corintios 5:11 Pablo ya había escrito: *"Más bien os escribí que no os juntéis con ninguno que, llamándose hermano, fuere fornicario, o avaro, o idólatra, o maldiciente, o borracho, o ladrón; con el tal ni aún comáis"*. Trabajar es la opción legítima para ganarse el pan. Sin embargo, el fruto de ese trabajo, está grabado por Dios para que se comparta con los necesitados. Algunos usan el pretexto de ayudar al necesitado para robar, pero el fin no justifica los medios. Los principios divinos no permiten este tipo de acciones. Darle a los pobres es un deber sagrado que Dios siempre reclama de su pueblo. *"Haced el bien a todos los hombres, mayormente a los domésticos de la fe"* (Gálatas 6:10).

4:29 *"Ninguna palabra corrompida salga de vuestra boca, sino la que sea buena para la necesaria edificación, a fin de dar gracia a los oyentes"*.

A veces escogemos el silencio para no decir lo malo, sin embargo, una posición así, no coadyuva para la necesaria edificación. Pablo insta a los efesios a tomar parte activa y no pasiva. Exhorta a los creyentes no sólo a callar lo malo, sino a hablar palabra *"que sea buena"*.

> **PARA MEDITAR**
>
> **"Ninguna palabra corrompida"**. La influencia de la cultura es tanta, que muchos creyentes dicen malas palabras, que sin ser "maldiciones", sí son vulgares, y de mal gusto. Esto incluye los chistes "no tan colorados", pero que tienen connotación sexual o perversa, que hoy con tanta facilidad pronuncian hombres y mujeres de todas las edades y en todas las profesiones. No será así con los creyentes, de ninguna edad.

4:30 *"Y no contristéis al Espíritu Santo de Dios, con el cual fuisteis sellados para el día de la redención"*. Toda actitud pecaminosa en un creyente, entristece al Espíritu Santo que mora en él. El Espíritu Santo como un sello, marcará al creyente durante toda su vida aquí en la Tierra. Es esta marca, la que determinará su presencia o ausencia el día del arrebatamiento. Fue el poder del Espíritu Santo, el que resucitó a Cristo hasta situarlo a la diestra del Padre. *"Mas vosotros no vivís según la carne, sino según el Espíritu, si es que el Espíritu de Dios mora en vosotros. Y si alguno no tiene el Espíritu de Cristo, no es de él. Y si el Espíritu de aquel que levantó de los muertos a Jesús mora en vosotros, el que levantó de los muertos a Cristo Jesús, vivificará también vuestros cuerpos mortales por su Espíritu que mora en vosotros"* (Ro 8: 9-11) El creyente que persiste en pecar, estará contristando al Espíritu Santo, poniendo en peligro su lugar en el rapto.

4:31 *"Quítense de vosotros toda amargura, enojo, ira, gritería y maledicencia y toda malicia"*.

- *Amargura, enojo e ira*, están ligados a la naturaleza humana y se manifiestan creando un ambiente de contienda que incide directamente en contra de la convivencia pacífica en la iglesia.

- *Gritería*, he aquí un pecado que ha sido pasado por alto por muchos años en la iglesia pentecostal. El tono de voz desenfrenado aparece con frecuencia en nuestras conversaciones, en nuestra liturgia, en nuestras reuniones de organización y aún en nuestros púlpitos. Aplica aquí el viejo adagio que dice: "Bájale al volumen y súbele al argumento". *"...la dulzura de labios aumenta el saber"* (Prov 16:21b)

- *Maledicencia*. Este término significa el uso de palabras ofensivas que hieren y lastiman. Aunque muchos falsos maestros justifican la maledicencia, con explicaciones literarias, académicas o filosóficas, todos saben cuáles son las palabras "altisonantes o maldiciones" comúnmente usadas para ofender. Le preguntaron a un sabio qué palabras eran consideradas como maldiciones, y contestó: *"aquellas palabras que nunca quisieras escuchar en los labios de tu tierna hijita"*.

- *Y toda malicia*. La malicia, según el Diccionario Enciclopédico Español, significa: "Propensión a pensar mal o inclinación al mal". Es una actitud negativa que a veces se manifiesta lanzando indirectas, sarcasmos e ironías que veladamente llevan la intención de hacer el mal. *"Así que celebremos la fiesta, no con la vieja levadura, ni con la levadura de malicia y de maldad, sino con panes sin levadura, de sinceridad y de verdad"* (1 Corintios 5:8)

4:32 *"Antes sed benignos unos con otros, misericordiosos, perdonándoos unos a otros, como Dios también os perdonó a vosotros en Cristo"*.

- **Benignidad** es propensión al bien. Ser benigno es estar siempre inclinado y dispuesto a hacer el bien a todos y en todo sentido

- **Misericordia** es aquella cualidad que se da en el ser humano, en la cual el misericordioso pasa por alto un agravio y extiende hacia el ofensor olvido y perdón.

- **El Perdón.** es un acto que se realiza en la cámara secreta de oración. *"Y cuando estéis orando perdonad si tenéis algo contra alguno"*. Es durante los momentos de oración cuando debemos perdonar. Podemos perdonar a la distancia. Muchas veces el ofensor ni siquiera se entera de que ha sido perdonado, porque muchas veces tampoco está consciente de que ha ofendido. Es un acto entre el ofendido y Dios que se ejecuta cuando estamos orando, mencionando el nombre del ofensor y emitiendo sentencia de perdón oral, verbal, pronunciando las palabras necesarias. Las emociones negativas de odio o rencor, se irán desterrando poco a poco del fuero interno y muchas veces el ofensor cambiará en su actitud y aun pedirá perdón por su ofensa. Dios es poderoso.

EPÍSTOLA A LOS EFESIOS

CAPÍTULO 5

Andad como hijos de luz, Ef 5:1-20

5:1,2 *"Sed, pues, imitadores de Dios como hijos amados. Y andad en amor, como también Cristo nos amó, y se entregó a sí mismo por nosotros, ofrenda y sacrificio a Dios en olor fragante".*

El apóstol Pablo hace un llamado a los feligreses de Éfeso a mostrar su vida con un buen testimonio delante de las personas, dando a conocer que son verdaderamente hijos de Dios. El Apóstol muestra la esencia de cómo es que hay que conducirse: usando el poderoso ingrediente del amor sin fingimiento.

Es notable ver como se compara a la iglesia con Cristo. Los dos verbos que se pueden notar aquí son *sed y andad*; estos enlazan la acción de la iglesia para relacionarse con los demás.

Llegar a ser imitadores de Dios compromete a la iglesia a vivir realmente como Él. Esto es debido al llamado de ser hijos de Dios, comprados a precio de sangre. La vida de cada persona siempre se tiene que presentar agradable ante Dios.

> **Texto Doctrinal:** *"Cristo"*... El nombre de Cristo nos muestra que es el Ungido, el Señor, y por tanto, la suprema autoridad que la iglesia tiene. Debido al ejemplo que el apóstol Pablo explica de la vida del Señor Jesucristo, que sin reservas y sin mancha se entregó por completo y así su sacrificio fue un perfume de grato olor ante Dios.

5:3-5 *"Pero fornicación y toda inmundicia, o avaricia, ni aun se nombre entre vosotros, como conviene a santos; ni palabras deshonestas, ni necedades, ni truhanerías, que no convienen, sino antes bien acciones de gracias. Porque sabéis esto, que ningún fornicario, o inmundo, o avaro, que es idólatra, tiene herencia en el reino de Cristo y de Dios".*

En el comentario estaremos explicando la definición de las palabras mencionadas en este versículo, así como de algunas de las implicaciones más importantes.

PARA MEDITAR

Pablo en todas sus cartas presenta listas semejantes a ésta, considerando que la iglesia debe ser imitadora de Dios. (Véase la amplia lista del capítulo previo: Efesios 4: 22-32; y antes Gálatas 5:19-26 y 1 Corintios 10: 6-14. La lista de "mandamientos" que presenta en Romanos 12:9-21 hace otra lista mostrando los aspectos deseables de la conducta cristiana). Pablo advierte y muestra una serie de acciones que a la vez son pecados, y desde luego, el pecado no es acepto delante de los ojos de nuestro creador. Incluso los lleva hasta el extremo de darles a conocer que el que practica tales cosas no puede pertenecer al Reino de Dios, y por tanto, no tiene herencia con Él. Por tanto, invita constantemente a realizar acciones que muestren un corazón transformado y agradecido con Dios.

Fornicación: Derivado del griego *porneía* que significa prostitución o inmoralidad sexual. Esta acción como todas las obras de maldad, es considerada pecado; sin embargo, esta acción en la Biblia es mencionada continuamente y más en el Antiguo Testamento, debido a que Dios calificaba al pueblo de Israel cuando se iban a adorar a los dioses paganos, como fornicario que dejaba lo santo y puro. La fornicación la practican las personas que tiene relaciones íntimas con alguien con quien no están casadas, y desde luego cuando una de las dos personas ya casadas tiende a irse con otras personas a vivir, o tener una relación íntima. Lo cual se llama adulterio. Tristemente la sociedad está llena de fornicación y adulterio.

Inmundicia o avaricia: Los dos están tan íntimamente unidos que la palabra griega por "avaricia" *pleonexia* se usa frecuentemente en las Escrituras y en los antiguos griegos, para denotar pecados de impureza. El principio común es el anhelo de satisfacer los deseos carnales con objetos materiales que están fuera de la voluntad divina.

Palabras deshonestas, ni necedades: Proviene de la palabra griega, "torpeza" en toda forma, ya sea por medio de gestos o por palabras obscenas. Es decir, parlería de sonsos, (en el Sur de Texas, se usa mucho "sonseando") que es insensatez, y aun puede ser pecado.

Ni truhanerías: (ni palabras groseras Revisión RVC) ligereza, o aptitud que se cambia y se adapta, sin cuestión de principios, a las circunstancias del momento, y a las disposiciones veleidosas de las personas con quienes tratamos. No bufonería grosera, sino charla o burla baladí, por la cual era célebre Éfeso y la cual, lejos de ser censurada, era y es considerada por el mundo como un cumplimiento placentero.

PARA MEDITAR

Las acciones que los miembros del cuerpo de Cristo realicen, debe ser agradables ante Dios. No todo lo que se hace es válido, no todo lo que se habla es correcto, por eso se debe cuidar mucho el comportamiento ante la familia, los amigos, los compañeros de trabajo y el pueblo de Dios.

> ⚖️ **NOTA DE CARÁCTER ÉTICO**
>
> La moral del pueblo de Dios siempre debe estar sana ante las demás personas y principalmente ante él. Las acciones determinan cómo es una persona y su manera de vivir, y cuando todo es negativo y no acepto ante el Señor, es el momento de reaccionar para ser un sacrificio agradable.

5:6-12 *"Nadie os engañe con palabras vanas, porque por estas cosas viene la ira de Dios sobre los hijos de desobediencia. No seáis, pues, partícipes con ellos. Porque en otro tiempo erais tinieblas, mas ahora sois luz en el Señor; andad como hijos de luz (porque el fruto del Espíritu es en toda bondad, justicia y verdad), comprobando lo que es agradable al Señor. Y no participéis en las obras infructuosas de las tinieblas, sino más bien reprendedlas; porque vergonzoso es aun hablar de lo que ellos hacen en secreto".*

Las advertencias son bien claras una y otra vez. La manera de conducirse, de accionar y estar prevenidos, muestra el claro interés del apóstol Pablo por el cuidado moral y testimonio de los hermanos en Éfeso.

No todo hombre es bueno, y su mensaje siempre debe ser muy analizado para no caer en desobediencia ante Dios. Por esto, el Apóstol les invita a tener cuidado de la gente que les da palabras huecas o vacías, para no practicarlas, ya que es ahí donde Dios no se agrada, y las consecuencias tarde o temprano vendrán.

Si alguien claramente sabe engañar es el enemigo y busca todas las formas para destruir. No participar de las obras de pecado es lo que más le agrada a Dios. *Porque en otro tiempo erais tinieblas, mas ahora sois luz en el Señor,* Pablo, como sembrador y edificador de las iglesias, se alegra también por ello.

Palabras vanas: La Traducción en Lenguaje Actual menciona esta frase de la siguiente manera: "ideas tontas", dando a conocer que las palabras vanas, son ideas o mensajes vacíos que no llenan ni satisfacen el corazón del hombre redimido. Comparándolas con la Palabra de Dios que sacia los corazones tanto de los afligidos como de los desamparados.

Fruto del Espíritu: Esta expresión se compone de dos vocablos griegos; fruto del griego *karpós* que significa "resultar en beneficio"; y la palabra Espíritu, del griego *pneúma* que quiere decir "aliento o viento"; Ese fruto es el resultado del aliento en la vida del ser humano. Por Aliento, entendemos que es la persona del Espíritu Santo.

Se menciona la persona del Espíritu Santo, el cual es una fuente inagotable de poder mencionada por el Señor Jesucristo, en el libro de los Hechos y repetida en tantos lugares. Al mencionar al Espíritu habla también del fruto, esto es las acciones que se dan a conocer por aquellos que han creído en Cristo.

> **PARA MEDITAR**
>
> No todas las personas que hablan de Dios son reales o fidedignas, a veces ponen el nombre de Dios solo para atraer a las personas y después de eso les implementan su doctrina. Hay personas creyentes que no están bien cimentados en la fe y cuando vienen este tipo de personas les hacen salir de la práctica del Evangelio puro.

Es necesario que cada creyente tenga su cimiento solido en Cristo Jesús. Ahora somos llamado hijos de luz, porque antes el pecado o tinieblas era lo que nos daba a conocer. Pero ahora que son hijos de luz, es porque Cristo iluminó esos corazones, y no solo eso, sino que también los transformó por completo. Donde la obscuridad reinaba, ahora fulgura la luz de Cristo.

^{11}no participéis en las obras infructuosas de las tinieblas, sino más bien reprendedlas; ^{12}porque vergonzoso es aun hablar de lo que ellos hacen en secreto".

La Revisión RVC (Reina Valera Contemporánea) presenta estos versículos así:

"No tengan nada que ver con las obras infructuosas de las tinieblas, al contrario denúncienlas: ¡Hasta vergüenza de hablar de lo que ellos hacen en secreto!

El pasaje enseña claramente las acciones infructuosas de pecado y maldad que el ser humano tiende a cometer; pero enfatiza que es mayor la luz que ahora está en la vida de todos los que son de Cristo.

5:13-14 *"Mas todas las cosas, cuando son puestas en evidencia por la luz, son hechas manifiestas; porque la luz es lo que manifiesta todo. Por lo cual dice: Despiértate, tú que duermes, y levántate de los muertos, y te alumbrará Cristo".*

La luz da a conocer lo que hay en medio de la obscuridad; cuando la luz alumbra no hay nada que se esconda, ni las tinieblas más densas pueden llegar a opacarla. Esto es lo que Pablo el Apóstol, está enfatizando a la Iglesia de Éfeso, que todo lo que se realice se "pondrá de manifiesto" o "se dará a conocer".

El Apóstol usa las palabras parafraseadas de un pasaje muy importante en Isaías 60:1-2: *"Levántate, resplandece; porque ha venido tu luz, y la gloria de Jehová ha nacido sobre ti. Porque he aquí que tinieblas cubrirán la tierra, y oscuridad las naciones; mas sobre ti amanecerá Jehová, y sobre ti será vista su gloria".* Por tanto, al entender estas palabras del profeta, se da a conocer que se estaba hablando de una profecía mesiánica cumplida por nuestro Señor Jesucristo.

"Despiértate, tú que duermes, y levántate de los muertos, y te alumbrará Cristo" Esta frase bíblica hace una invitación a despertar y levantarse como si alguien estuviera viviendo con una actitud ociosa, por lo que aquella persona que se atreva a levantarse de esta condición o manera de vivir, será alumbrado por Cristo.

> **PARA MEDITAR**
>
> Cristo es el único que puede alumbrar una vida que está en oscuridad y viviendo con una actitud negativa. Aquí se cumple la Palabra de Dios cuando dice en Juan 8:12 *"Otra vez Jesús les habló, diciendo: Yo soy la luz del mundo; el que me sigue, no andará en tinieblas, sino que tendrá la luz de la vida".* Por esto, es necesario que los creyentes sean alumbrados por Cristo en todas las áreas de su vida.

5:15-16 *"Mirad, pues, con diligencia cómo andéis, no como necios sino como sabios, aprovechando bien el tiempo, porque los días son malos".*

Es de suma importancia notar que el Apóstol está interesado en que los hermanos de Éfeso se dirijan ante la sociedad como verdaderos hijos de la fe cristiana, debido a la gran variedad de creencias y filosofías griegas que existían. La palabra *diligencia* da entender que hay que mirar *cuidadosamente* y con mucha sabiduría la forma de cómo conducirse ante los demás.

El apóstol Pablo menciona un factor muy importante dentro de la mayordomía de la vida de un ser humano; este es el TIEMPO. La palabra tiempo puede provenir de los vocablos griegos *chronos* y *kairos*. Este último significa: *algo fijo o apropiado;* que viene de parte de Dios, para cumplirse en un acontecimiento o en una persona. Y el tiempo *chronos*, designado por el hombre para medir las acciones en su vida personal y particular (ver el capítulo 13 a los Romanos en este Comentario BICAD).

"porque los días son malos". Una frase atemporal, pudiera decirse, porque los días eran malos en ese tiempo, y lo son ahora. Es decir, que los días deben aprovecharse, para que no se tornen en negativos, y nos llenen de temor; bien lo dijo el salmista: *"¿Por qué he de temer en los días de adversidad, cuando la iniquidad de mis opresores me rodeare?* En otras palabras, que nos afecten lo menos.

5:17-20 *"Por tanto, no seáis insensatos, sino entendidos de cuál sea la voluntad del Señor. No os embriaguéis con vino, en lo cual hay disolución; antes bien sed llenos del Espíritu, hablando entre vosotros con salmos, con himnos y cánticos espirituales, cantando y alabando al Señor en vuestros corazones; dando siempre gracias por todo al Dios y Padre, en el nombre de nuestro Señor Jesucristo"*

El hombre de Tarso menciona ciertas acciones que los hermanos de esta iglesia y de todas, tenían que evitar y que antes practicaban. En esta época la cultura griega era tan fuerte que influenciaba gran parte de las costumbres diarias; como se sabe tenían dioses a los que les rendían culto diariamente. Uno de ellos era Baco, el dios del vino (llamado Dionisio por los romanos), de allí, la costumbre de calificar como fiestas "bacanales", a aquellas en donde el vino "corre como agua", originando que se practiquen toda clase de excesos. En la cultura de esos pueblos, cuando se embriagaban y empezaban a balbucear o expresar tonterías, decían que el espíritu de Dionisio los había tomado y estaba dentro de ellos.

> **PARA MEDITAR**
>
> ¿Por qué Pablo, establece un contraste entre una práctica pagana, deleznable, y la obra maravillosa y deseable del Espíritu Santo?, sencillamente, por sus efectos. Cuando una persona esta embriagada, no es dueña de sí misma. Habla incoherencias que no se entienden, está transformada, aunque sea en forma temporal. En contrate, aunque se oiga mal, pero el Apóstol lo dijo, la persona que está llena del Espíritu Santo, no es dueña de sí misma, está embriagada y no quiere saber de nada más, que hablar *con salmos, con himnos y cánticos espirituales, cantando y alabando al Señor en vuestros corazones; dando siempre gracias por todo"* Es decir, siempre.

"Dando siempre gracias por todo al Dios y Padre, en el nombre de nuestro Señor Jesucristo"

No es una actitud que se desarrolle pronto o fácilmente, pero es un sello del cristiano maduro, que ha aprendido a "capear todos los temporales", como se dice; y que la salud mental se fortalece, al haber salud espiritual. En la primera carta a los Tesalonicenses 5:16-19, Pablo se explaya: *"Estad siempre gozosos, orad sin cesar, dad gracias en todo, porque esta es la voluntad de Dios para con vosotros en Cristo Jesús, no apaguéis al Espíritu"*

La mutua sumisión, Ef 5:21-33

5:21 *"Someteos unos a otros en el temor de Dios".*

Se debe enfatizar que toda esta sección de sumisión mutua, se aborda en el resto del capítulo y sigue hasta Efesios 6:9; enfocando relaciones mucho muy importantes, como son: las que se deben dar entre esposos, entre los padres y los hijos y aún entre los patrones y los sirvientes. Es decir, en el hogar y en el trabajo.

El someterse radica en estar bajo sumisión de los demás; no es solo de un lado, sino que este acto debe ser recíproco ya que añade un ingrediente importante: el temor de Dios. Si hay temor, habrá también compasión y misericordia hacia los demás. Ayuda a que nadie se crea más de lo que deba ser.

5:22-24 *"Las casadas estén sujetas a sus propios maridos, como al Señor; porque el marido es cabeza de la mujer, así como Cristo es cabeza de la iglesia, la cual es su cuerpo, y él es su Salvador. Así que, como la iglesia está sujeta a Cristo, así también las casadas lo estén a sus maridos en todo".*

El estar bajo autoridad o sumisión se ubica en el área más importante del hogar, como es la relación entre esposo y esposa. Al parecer la iglesia de Éfeso estaba pasando por una falta de obediencia o respeto mutuo en los hogares y esto estaba presentando un mal testimonio ante los creyentes piadosos y ante familias y gente de fuera, un pueblo pagano con muchas deidades, principalmente la diosa Afrodita del amor y la sensualidad, al igual que el Eros griego, equivalente al Cupido entre los romanos, dios de la fertilidad y el deseo amoroso.

Desde luego que los consejos paulinos trascienden a las edades.

Un primer argumento: *"las casadas estén sujetas a sus propios maridos, como al Señor"*. Si la esposa es cristiana y reconoce el señorío de Cristo, habiéndose sujetado a Él, con facilidad puede sujetarse a su marido.

Un segundo argumento: *"porque el marido es cabeza de la mujer, así como Cristo es cabeza de la iglesia"*. El marido debe reconocerse como la autoridad en el hogar. En un hogar debe haber una cabeza. En la iglesia hay una cabeza, que se ha aceptado por los creyentes serios, sin ninguna objeción, Cristo el Señor.

Conclusión: *Así que, como la iglesia está sujeta a Cristo, así también las casadas lo estén a sus maridos en todo"*.

 **PARA MEDITAR**

Ciertamente los tiempos han cambiado y las normas fijadas en la jurisprudencia de los países pueden quitarle fuerza a esa orden establecida por Dios, sin embargo, lo dicho en el segundo argumento es valedero para todo grupo social o empresa: siempre debe haber un número uno, un jefe, un director, un presidente, una cabeza. Y la familia, que se compone idealmente de dos padres, más los hijos, necesita una cabeza; Dios ordenó que fuera el hombre. La gran mayoría de los divorcios son reflejo de esa alteración. Los movimientos feministas han llenado el mundo de hogares destruidos.

Hablar de la sujeción al marido, no quiere decir que la esposa deba soportar golpes o mutilaciones que su pareja le pudiera llegar a hacer. Sino que la sujeción debe ser "motivada" por el esposo que le da todo su lugar a la mujer, reconociendo y valorando las importantes cualidades que posee la pareja que escogió. Cuando esto ocurre, nace el respeto y la sujeción. Si la esposa cristiana cumple con esta orden de parte de Dios puede llegar a causar gran impacto en el resto de la familia y amigos que no se han convertido al Señor. El Apóstol Pedro lo dijo en esta cláusula: *"Estad sujetas a vuestros maridos, para que también los que no creen a la palabra, sean ganados sin palabra por la conducta de sus esposas, considerando vuestra conducta casta y respetuosa"* (1 P 3:1,2).

5:25-30 *"Maridos, amad a vuestras mujeres, así como Cristo amó a la iglesia, y se entregó a sí mismo por ella, para santificarla, habiéndola purificado en el lavamiento del agua por la palabra, a fin de presentársela a sí mismo, una iglesia gloriosa, que no tuviese mancha ni arruga ni cosa semejante, sino que fuese santa y sin mancha. Así también los maridos deben amar a sus mujeres como a sus mismos cuerpos. El que ama a su mujer, a sí mismo se ama. Porque nadie aborreció jamás a su propia carne, sino que la sustenta y la cuida, como también Cristo a la iglesia, porque somos miembros de su cuerpo, de su carne y de sus huesos"*.

 **PARA MEDITAR**

Es muy interesante recalcar las actitudes, que la Palabra apostólica demanda en esta hermosa sección, que normalmente usan los ministros cuando oficia un matrimonio.

- A la mujer se le pide que se sujete al marido.
- Al hombre se le pide que ame a su mujer. 4 veces se mencionan inflexiones del verbo amar.

> La palabra amor proviene del vocablo griego *agapao* que significa amar o amada; esto es entender que el amor debe ser puro y sincero para su esposa.
>
> - A la mujer no se le pide que ame, puesto que es parte de su naturaleza, de la sensibilidad con la que Dios le dotó.
> - Al hombre casi se le ordena que ame a su esposa. El Apóstol muestra el ejemplo del amor sacrificial de Jesús, hacia la iglesia, que es su cuerpo, para que fuera *una iglesia gloriosa, que no tuviese mancha ni arruga ni cosa semejante, sino que fuese santa y sin mancha.* Como un fuerte ejemplo, para que el marido ame a su esposa como a su mismo cuerpo.

5:29-30 *"Porque nadie aborreció jamás a su propia carne, sino que la sustenta y la cuida, como también Cristo a la iglesia, ³⁰porque somos miembros de su cuerpo, de su carne y de sus huesos.*

Amar a la esposa es entregarse por completo, no para recibir nada a cambio, sino para hacerla feliz. El amor llevará a cuidarla y protegerla, porque la razón poderosa es que son una sola carne; y nadie puede aborrecer su propia carne. Los matrimonios son parte del plan de Dios, por lo que el enemigo tratará de dañar la obra de Dios y en el presente tiempo es innegable esa influencia maléfica. Pornografía, feminismo, machismo, activismo de grupos con orientación distinta y a eso se une la misma inclinación de los gobiernos que protegen desmedidamente a las madres solteras, con programas de protección social que les brindan casa con bajas mensualidades y auxilio para pagar los servicios básicos. Queriendo ayudar han hecho mucho daño, pues han fomentado que aún las mujeres tengan hijos de varios hombres sabiendo que el gobierno los sostendrá en variadas formas directas e indirectas.

5:31,32 *"Por esto dejará el hombre a su padre y a su madre, y se unirá a su mujer, y los dos serán una sola carne. Grande es este misterio; mas yo digo esto respecto de Cristo y de la iglesia".*

Pablo, en esta Carta, como lo hizo antes el Señor Jesucristo en el relato de Mateo 19:5 ante los fariseos, se remonta al Génesis para darle todo el respaldo al relato de la creación, recordando la alegría que el Padre Celestial experimentó, cuando escuchó a Adán su primera criatura, al contemplar a su bella esposa, declarar: *"Esto es ahora hueso de mis huesos y carne de mi carne; ésta será llamada Varona, porque del varón fue tomada"* (Génesis 2:23) (Otras versiones cambian "Esto es ahora", por "Esta es ahora", para hace más justicia a la mujer).

NOTA DOCTRINAL

La pregunta: ¿Por qué el Apóstol da este gran paso, de haber estado disertando sobre el hombre y la mujer, en una relación de matrimonio, para remontarse en el tiempo, hasta la primera pareja, y esperar que sean una sola carne?

La respuesta: Porque estaba hablando de un misterio; "del gran misterio" referente a la especial unión espiritual de Cristo y su iglesia. "Del matrimonio espiritual", que ocurrió cuando Cristo dejó al Padre para unirse a una esposa, la iglesia. En el matrimonio natural, el esposo y la esposa aportan los elementos que caracterizan a cada sexo, para hacer una pareja completa. Así Cristo, Dios hecho hombre, desposa a la iglesia, para hacerla su cuerpo. Se convierte en su cabeza, así como el esposo es la cabeza de la esposa.

Un día ocurrirá una unión plena, como lo describe Apocalipsis 19:7,8 *"Gocémonos y alegrémonos y démosle gloria; porque han llegado las bodas del Cordero, y su esposa se ha preparada. Y a ella se le ha concedido que se vista de lino fino, limpio y resplandeciente; porque el lino fino es las acciones justas de los santos.*

5:33 *Por lo demás, cada uno de vosotros ame también a su mujer como a sí mismo; y la mujer respete a su marido".*

El Apóstol deja bien cimentado el aspecto espiritual, con lo antes dicho, y termina recalcando:

- El amor del hombre hacia su mujer.
- La sujeción de la mujer hacia el hombre.

Bibliografía: Comentario Exegético y Explicativo de la Biblia, por Jamiesson, Fausset y Brown, Editorial Mundo Hispano Pgs.463-489.

EPÍSTOLA A LOS EFESIOS

CAPÍTULO 6

Continuación...Sobre la Mutua Sumisión, Ef 6:1-9

6:1-4 *"Hijos, obedeced en el Señor a vuestros padres, porque esto es justo. Honra a tu padre y a tu madre, que es el primer mandamiento con promesa; para que te vaya bien, y seas de larga vida sobre la tierra. Y vosotros, padres, no provoquéis a ira a vuestros hijos, sino criadlos en disciplina y amonestación del Señor".*

Introducción: ya en el capítulo 5, el Apóstol Pablo estableció fuertes bases para el correcto trato entre los esposos; ahora aborda una prolongación natural: la forma en que deben tratar los hijos a sus padres, mencionando una muy bendecida promesa y desde luego, cómo los padres deben educar a los hijos. Dedica luego cinco versículos para dar instrucciones muy importantes entre las correctas relaciones obreros-patronales, como se diría hoy (en ese tiempo amos-siervos).

"Hijos, obedeced en el Señor a vuestros padres, porque esto es justo". La RVC (Reina Valera Contemporánea) lo dice así: *"Hijos, obedezcan a sus padres en el nombre del Señor, porque esto es justo".* Cobra una nueva dimensión la cláusula, es una orden.

Se les ordena a los hijos obedecer a sus padres, es decir, escucharlos con atención, someterse a ellos con amor y obedecerlos en todo tiempo. Dicha obediencia debe ser muestra no solo del amor que les tienen a los padres, sino también del respeto que se le debe tener al Señor.

La razón por la que se debe obedecer a los padres es porque *"esto es justo"* y *"agrada al Señor"*, agrega el Apóstol, al escribir a los Colosenses (Col 3:20).

Honra a tu padre y a tu madre, que es el primer mandamiento con promesa; para que te vaya bien, y seas de larga vida sobre la tierra.

Los 10 mandamientos que aparecen en Éxodo 20 y Deuteronomio 5, incluyen el importante quinto mandamiento: *"Honra a tu padre y a tu madre, como Jehová tu Dios te ha mandado, para que sean prolongados tus días (para que tus días se alarguen dice en Ex 20:12) y para que te vaya bien sobre la tierra que Jehová tu Dios te da"* (Dt 5:16)

El Apóstol bien dice: "es el primer mandamiento con promesa". Honrar significa amar, tener en alta estima o valor, mostrar respeto. Y los hijos honran a sus padres cuando los obedecen.

Es interesante recalcar, que la segunda parte de los 10 mandamientos, la que tiene que ver con la relación del individuo con sus semejantes o prójimos, se inicie con esta importante indicación de obediencia y amor hacia los padres.

PARA MEDITAR

A lo largo de toda la Biblia notamos que la obediencia a los principios establecidos por Dios trae bendición a quienes los practican. La cultura de nuestros tiempos, es una actualización de lo profetizado a Timoteo (2 Ti 3:1-3) *"También debes saber esto: que en los postreros días vendrán tiempos peligrosos. Porque habrá hombres amadores de sí mismos...blasfemos, desobedientes a los padres, ingratos... sin afecto natural...crueles, aborrecedores de lo bueno"*. ¡Cuántas de estas características detestables las muestran muchos hijos para con sus padres! Demos gracias por el evangelio regenerador que permite disfrutar en la gran mayoría de los hogares cristianos, un ambiente distinto. Y si así no fuera, ¡hay respuesta a la oración de padres piadosos!

"Y vosotros, padres, no provoquéis a ira a vuestros hijos, sino criadlos en disciplina y amonestación del Señor".

La versión RVC lo dice así: "Ustedes, los padres no exasperen a sus hijos, sino edúquenlos en la disciplina y la instrucción del Señor".

Después de tratar con los hijos, ahora el Apóstol se dirige a los padres, y el consejo que les da aquí, lo repite a los Colosenses diciendo: *"Padres, no exasperéis a vuestros hijos, para que no se desalienten"* (Col 3:21). El trato que los padres den a los hijos no debe producir ira en ellos, no deben irritarlos con sus palabras, no deben provocar que se enfurezcan. Más bien, *"criadlos en disciplina y amonestación del Señor"*. La palabra disciplina del griego *paideia* denota la formación dada a un niño, con sus sinónimos: instrucción, disciplina, corrección. Sugiriendo la disciplina cristiana que regula el carácter[1].

Entonces la disciplina se relaciona con todas aquellas normas o principios que le dan forma al carácter de una persona. Esto significa que los padres tienen la responsabilidad de educar a sus hijos considerando los principios establecidos en la Palabra del Señor y no como lo hacen muchos padres de la época actual, *"Y aquéllos, ciertamente por pocos días nos disciplinaban como a ellos les parecía..."* (Heb 12:10).

Por otro lado, también se aconseja a los padres amonestar a los hijos. La palabra amonestación proviene del griego *nouthesia* y es la «instrucción de palabra», tanto si es de aliento como, en caso necesario, de represión o reproche[2]. Los padres no deben relacionar la amonestación únicamente con el castigo, más bien deben considerar el formar a los hijos por medio de la palabra hablada, por el consejo.

---

[1] W. E. Vine. Diccionario expositivo de palabras del Antiguo y del Nuevo Testamento Exhaustivo. Editorial Caribe, 1999. G3809.

[2] Ibid. G3559.

NOTA HISTÓRICA

La educación religiosa de la familia vino a ser, como lo sigue siendo, algo sumamente importante dentro del judaísmo. Era una obligación de los judíos enseñar a los hijos los mandamientos de la ley, instruirlos en ella y explicarles su significado. *"Y estas palabras que yo te mando hoy, estarán sobre tu corazón; y las repetirás a tus hijos, y hablarás de ellas estando en tu casa, y andando por el camino, y al acostarte, y cuando te levantes"* (Dt 6:6,7).

Era una responsabilidad de los abuelos supervisar que sus hijos, cumplieran con todo lo establecido en la Torah, respecto a sus propios hijos.

Esta disciplina en los hogares hebreos ha contribuido a la permanencia de ellos en la historia de casi 3500 años.

NOTA DE CARÁCTER ÉTICO

Los padres deben considerar que es sumamente importante enseñar y explicar a los hijos los principios que Dios ha establecido en su Palabra, pues estos influirán en la formación de su carácter, además de ser la base de la educación en los hogares. Recordar que Biblia es la palabra inspirada por Dios, la base en la que nuestra fe se sostiene, pero además la norma que rige o determina nuestra buena conducta. *"Toda la Escritura es inspirada por Dios, y útil para enseñar, para redargüir, para corregir, para instruir en justicia, a fin de que el hombre de Dios sea perfecto, enteramente preparado para toda buena obra"* (2 Ti 3:16,17).

PARA MEDITAR

¿A quién le estamos dejando la responsabilidad de educar a nuestros hijos? ¿Cómo es la educación que estamos brindando en nuestro hogar? La responsabilidad es únicamente de los padres, son ellos quienes mediante la Palabra de Dios deben disciplinar a sus hijos, pero además amonestarlos, brindándoles un consejo o una palabra de corrección. *"El que detiene el castigo, a su hijo aborrece; Mas el que lo ama, desde temprano lo corrige"* (Pr 13:24).

6:5-9 *"Siervos, obedeced a vuestros amos terrenales con temor y temblor, con sencillez de vuestro corazón, como a Cristo; no sirviendo al ojo, como los que quieren agradar a los hombres, sino como siervos de Cristo, de corazón haciendo la voluntad de Dios; sirviendo de buena voluntad, como al Señor y no a los hombres, sabiendo que el bien que cada uno hiciere, ése recibirá del Señor, sea siervo o sea libre. Y vosotros, amos, haced con ellos lo mismo, dejando las amenazas, sabiendo que el Señor de ellos y vuestro está en los cielos, y que para él no hay acepción de personas".*

Ahora el Apóstol Pablo se dirige a los siervos, a quienes les pide que obedezcan a sus amos, así como los hijos deben hacerlo con sus padres; y que lo hagan con respeto y sinceridad, mostrándose leales a ellos.

Pablo les pide que se sujeten a sus amos, así como se sujetan y obedecen a Cristo. Que sirvan aun cuando su amo no los esté observando, como lo hacen los que solo pretenden agradar a los hombres, sino que de todo corazón hagan la voluntad del Señor. La versión RVC menciona el 6:6, así: *"No actúen así sólo cuando los estén mirando, como los que quieren agradar a la gente"*.

Les aconseja que su servicio sea de buena voluntad y no por obligación, entendiendo que dependiendo de cómo haya sido su servicio así será la recompensa que recibirán de parte del Señor. *"sabiendo que del Señor recibiréis la recompensa de la herencia, porque a Cristo el Señor servís"* (Col 3:24).

Después de dirigirse a los siervos, cambia su enfoque hacia los amos, puesto que ellos también tienen responsabilidades con sus siervos, les pide que se conduzcan de la misma forma en que les pide a los siervos o esclavos que lo hagan con ellos. Pablo está pidiendo que dejen las amenazas, y que haya un trato igualitario entre ellos, pues ambos están en la misma posición delante del Señor, tanto los unos como los otros tienen un mismo Señor, un mismo Dios que desde los cielos está observándoles, ambos son hijos de Dios, y para él no hay acepción de personas.

 NOTA HISTÓRICA

La esclavitud prevalecía en esa época, los hombres, mujeres y niños eran vendidos y llegaban a ser propiedad de quien los compraba. Ese tiempo se caracterizó por la humillación, brutalidad y abusos, tanto de parte de los amos como de los esclavos. Éstos se ocupaban de los quehaceres domésticos, de la actividad agrícola, de la industria incipiente, y de remar en las galeras o navíos de guerra. Como se sabe, había varias categorías; los más bajos eran "los huperetes", que eran atados con cadenas remando en la parte baja de los barcos. Pablo se llama a sí mismo huperete, cuando se califica como siervo. En la Inglaterra de los 1800s, la mitad de los habitantes eran siervos, fueran blancos o morenos, y trabajaban para algún noble. En los Estados Unidos hasta 1865, la raza negra obtuvo su libertad de la esclavitud. Muchos de los amos blancos eran cristianos que obedecían a Efesios 6:9 RVC: *"ustedes, los amos hagan lo mismo con sus siervos. Ya no los amenacen. Como saben, el Señor de ellos y de ustedes está en los cielos, y él no hace acepción de personas.*
Cuando Abraham Lincoln decretó la abolición de la esclavitud, un buen número no se quiso ir de sus fincas, pues eran bien tratados.

 NOTA DE CARÁCTER ÉTICO

El jefe o patrón no debe abusar de su posición o autoridad con sus empleados o trabajadores, ni los trabajadores abusar. Deben mostrar buen trato y respeto, ambos deben estar sujetos el uno al otro, así como lo están a Cristo. *"Así que, todas las cosas que queráis que los hombres hagan con vosotros, así también haced vosotros con ellos"* (Mt 7:12). Las Constituciones de los países con sus respectivas reglamentaciones, han regulado mucho el trato que se les debe dar a los trabajadores, pagándoles justamente y limitando el número de horas y días de trabajo.

EPÍSTOLA A LOS EFESIOS **CAPÍTULO 6** 49

La armadura de Dios, Ef 6:10-20

6:10-13 *"Por lo demás, hermanos míos, fortaleceos en el Señor, y en el poder de su fuerza. Vestíos de toda la armadura de Dios, para que podáis estar firmes contra las asechanzas del diablo. Porque no tenemos lucha contra sangre y carne, sino contra principados, contra potestades, contra los gobernadores de las tinieblas de este siglo, contra huestes espirituales de maldad en las regiones celestes. Por tanto, tomad toda la armadura de Dios, para que podáis resistir en el día malo, y habiendo acabado todo, estar firmes".*

Antes de concluir su carta, el Apóstol Pablo anima a los efesios a *"fortaleceos en el Señor, y en el poder de su fuerza"*. Con esto, el creyente por sí solo no tiene la capacidad necesaria para resistir la lucha contra el diablo, por lo que es indispensable que busque la fuerza del Señor, pues Él es la fuente que da poder al cristiano. *"No con ejército, ni con fuerza, sino con mi Espíritu, ha dicho Jehová de los ejércitos"* (Zacarías 4:6).

Pablo está consciente que en su caminar cristiano los efesios enfrentarían dificultades levantadas por el enemigo, y tal vez muchas de éstas podrían apagar el deseo de seguir adelante sirviendo al Señor. Una unión fuerte con el Señor les ayudaría a continuar con su llamado y por ello deberían tener claros los recursos con los que contaban.

La resurrección de Jesucristo fue la prueba más grande que el poder de Dios estaba presente. Ya que trajo consigo seguridad y plenitud a la vida de toda persona que se había acercado a Él, logrando creyentes con plena certidumbre de su poder. El ejemplo de Pablo estaba siempre presente: recorrer grandes distancias predicando el evangelio a toda criatura, con su existencia en constante riesgo; pasando necesidades como nadie y tratando de *"agradar a aquel que lo había tomado como soldado"*, portador de un poderoso mensaje de salvación.

"Vestíos de toda la armadura de Dios, para que podáis estar firmes contra las asechanzas del diablo". sabiendo por experiencia el Apóstol, que el enemigo está siempre al acecho del creyente. El Apóstol Pedro le llama: *"vuestro adversario el diablo, como león rugiente, anda alrededor buscando almas a quien devorar* (1 Pedro 5:8), y que éste debe permanecer de pie, firme ante cualquier ataque, por lo que está a su disposición una armadura espiritual.

"Porque no tenemos lucha contra sangre y carne, sino contra principados, contra potestades, contra los gobernadores de las tinieblas de este siglo, contra huestes espirituales de maldad en las regiones celestes. La lucha a la que el creyente se enfrenta no es una de cuerpo a cuerpo, es una espiritual; se enfrenta a poderes, autoridades, dirigentes de las tinieblas en este mundo, contra un ejército de fuerzas malignas en las regiones celestes.

Considerando la dimensión de la lucha que enfrenta el cristiano, Pablo los exhorta a tomar la armadura que Dios le ha provisto para que puedan resistir en la batalla y aun cuando parezca que ya ha terminado todo, sigan manteniéndose firmes y alertas para cualquier otro ataque de su enemigo.

¿Cuántas veces nos hemos encontrado en una batalla y nos hemos apoyado en nuestras fuerzas? ¿Cuántas veces hemos querido obtener la victoria, pero sin considerar al Señor? Por sí solos nunca podremos vencer, pero con la ayuda y la fuerza que tenemos del Señor podemos obtener la victoria en cualquier situación que enfrentemos. Jesús dijo: *"separados de mí nada podéis hacer"* (Jn 15:5). Todo esfuerzo que hagamos será inútil si no ponemos en primer lugar a nuestro Dios, ya que las principales luchas se dan en el terreno espiritual. El apóstol afirma: *"Porque las armas de nuestra milicia no son carnales, sino poderosas en Dios para la destrucción de fortalezas"* (2 Co 10:4).

6:14-17 *"Estad, pues, firmes, ceñidos vuestros lomos con la verdad, y vestidos con la coraza de justicia, y calzados los pies con el apresto del evangelio de la paz. Sobre todo, tomad el escudo de la fe, con que podáis apagar todos los dardos de fuego del maligno. Y tomad el yelmo de la salvación, y la espada del Espíritu, que es la palabra de Dios;"*

A continuación, el apóstol hace referencia a las armaduras que usaban los soldados romanos, como un modelo para describir aquella armadura que debe portar el creyente en sus luchas diarias.

a) *"ceñidos vuestros lomos con la verdad"*. El soldado debía fajarse bien, con un cinto ancho de cuero que servía para ajustarse la túnica y poder sostener la vaina que portaba la espada. De igual forma, "el cinturón de la verdad" representa la integridad que debe mostrar el creyente en su vida diaria. El cristiano debe ser reconocido como una persona que siempre dice la verdad. Y por ello, el mensaje que comparta va a ser aceptado por su familia, por los conocidos, por los compañeros del trabajo y desde allí en cualquier púlpito.

b) *"vestidos con la coraza de justicia"*. La coraza era un cuero revestido de metal que protegía el pecho del soldado (el corazón, los pulmones) en las batallas. De igual manera, la coraza de justicia, que es la justicia de Dios, declara justo al pecador arrepentido y éste se deleita permanentemente en su nueva vida. Cuando el acusador, el diablo, pretende descalificar al creyente haciéndole sentir culpable, la coraza de justicia ganada por Cristo bloquea toda acusación.

c) *"calzados los pies con el apresto del evangelio de la paz"*. El soldado necesitaba moverse fácilmente, por lo que llevaba unas sandalias de cuero sujetadas en los tobillos que le hacían rápido y ágil. De igual forma, el creyente debe estar siempre preparado para llevar el evangelio de la paz y del perdón, con prestancia.

d) *"el escudo de la fe"*. El escudo del soldado estaba hecho de madera, cubierto de cuero, grande y liviano para que pudiera ser usado fácilmente. Servía para detener los dardos o flechas que lanzaba el enemigo. De la misma manera, el escudo de la fe le sirve al creyente para detener los ataques del diablo, para evitar que sus dardos de fuego le dañen, provocando desánimo o incertidumbre. La fe, le da seguridad en las batallas diarias.

e) *"el yelmo de la salvación"*. El casco protege la cabeza del soldado. Los pensamientos del creyente, son blindados para que no den cabida a ideas nocivas, perversas, malignas o libidinosas, que afecten su comunión permanente con el Señor; incluso hacerlo dudar de su salvación. Las dudas pueden llevar a perder batallas diarias que debiliten la nueva vida en Cristo. Pablo le advierte a Timoteo: *"guarda lo que se te ha encomendado, evitando las profanas pláticas sobre cosas vanas, y los argumentos de la falsamente llamada ciencia, la cual profesando algunos, se desviaron de la fe"* (1 Tim 6:20,21).

f) *"la espada del Espíritu"*. Esta es la Palabra de Dios. Esta arma es ofensiva. Jesús mismo la utilizó cuando en el desierto fue tentado por el diablo (Mt 4:1-11) y con ella lo venció. El creyente necesita conocer la Palabra de Dios, disfrutarla, memorizarla, haciéndola parte de su menú diario, para estar en condiciones de presentar batalla contra todo aquel que demande razón de la esperanza que hay en él.

6:18-20 *"orando en todo tiempo con toda oración y súplica en el Espíritu, y velando en ello con toda perseverancia y súplica por todos los santos; y por mí, a fin de que al abrir mi boca me sea dada palabra para dar a conocer con denuedo el misterio del evangelio, por el cual soy embajador en cadenas; que con denuedo hable de él, como debo hablar".*

Pablo finaliza este tema de la armadura de Dios haciendo mención, a un aspecto de la vida del creyente que es sumamente importante: *la oración*. Esta se convierte en un arma muy poderosa en la lucha espiritual que el cristiano enfrenta diariamente. Refiere que la oración debe ser *"en todo tiempo"*, no sólo cuando se está enfrentando alguna lucha, sino como un hábito diario.

La oración debe hacerse en el Espíritu, pues es Él quien ayuda al creyente a pedir como de verdad conviene, conforme a la voluntad de Dios (Ro 8:26) y no conforme a sus propios deseos. El creyente debe perseverar en la oración y ser constante en ella (Ro 12:12), no debe dejar de orar (1 Ts 5:17) por sí mismo, *por todos los santos, " Y por mí "*, dice el Apóstol representando a todos los predicadores.

"velando en ello con toda perseverancia", trayendo a la memoria aquellas palabras del Señor Jesucristo *"Velad y orad, para que no entréis en tentación; el espíritu a la verdad está dispuesto, pero la carne es débil"* (Mt 26:41). Pablo sabía bien que debían luchar día a día con su misma carne para lograr la victoria *"sobre todo lo que hay en el mundo, los deseos de la carne, los deseos de los ojos, y la vanagloria de la vida"* (1 Jn 2:16).

> **Para pensar:** ¿Cuántas veces hemos salido a la batalla sin la armadura y hemos confiado en nuestras propias armas? La palabra de Dios nos exhorta como soldados de Cristo, a vestirnos de la armadura que nos ha provisto *ceñidos con la verdad, vestidos con la justicia, calzados con el evangelio de la paz, el escudo de la fe, el yelmo de la salvación y la espada del Espíritu*.).

Salutaciones finales, Ef 6:21-23

6:21,22 *"Para que también vosotros sepáis mis asuntos, y lo que hago, todo os lo hará saber Tíquico, hermano amado y fiel ministro en el Señor, el cual envié a vosotros para esto mismo, para que sepáis lo tocante a nosotros, y que consuele vuestros corazones".*

La iglesia sabía que el apóstol estaba preso y por lo tanto estaban preocupados por su situación. Así que Pablo concluye su epístola haciéndoles saber cómo se encuentra y qué está haciendo, por medio del hermano Tíquico (2 Ti 4:12), a quién considera un *"hermano amado"* en Cristo.

Tíquico junto a otros colaboradores de Pablo, lo acompañó en sus viajes misioneros (Hch 20:4-6). Y al igual que Epafrodito (Fil 2:25), era un mensajero de toda la confianza del Apóstol para llevar noticias de su persona, sus trascendentales cartas y consolar sus corazones. Por ello lo llama *"fiel ministro en el Señor"*, respaldando su vida íntegra, llevando un ministerio ejemplar que debía ser bien recibido por los hermanos efesios.

 **PARA MEDITAR**

Que tan importante es contar dentro del equipo de trabajo de la iglesia con colaboradores como Tíquico; que hagan olvidar a los que se apartan del Señor, como Demas, quien prefirió amar a este mundo y alejarse del Señor (2 Ti 4:10). Siempre nuestro Dios levantará hermanos amados y fieles servidores, con quienes los pastores puedan contar y ellos mismos puedan dar palabras de aliento y fortaleza a la iglesia.

6:23, 24 *"Paz sea a los hermanos, y amor con fe, de Dios Padre y del Señor Jesucristo. La gracia sea con todos los que aman a nuestro Señor Jesucristo con amor inalterable. Amén".*

Fiel a su estilo para despedirse, el Apóstol Pablo expresa el deseo de su corazón, al decirles que la paz de Dios reine entre ellos, de la misma manera en que *"el amor de Dios excede a todo conocimiento"* (Ef 3:19). Debemos recordar que la paz y el amor provienen del Padre, y éstos son elementos del fruto del Espíritu Santo (Ga 5:22), que los cristianos bien cimentados producirán para honra y gloria de su nombre.

Por último, les expresa que *"la gracia"*, la cual es el favor de Dios para con los creyentes, sea manifiesta en todos aquellos que siguen de verdad al Señor Jesucristo. *"con amor inalterable"*; Muchos en el camino habían dejado a Pablo y al Señor (2 Ti 4: 9-18), él se mantenía firme en su convicción de honrar a Jesús a pesar de encontrarse encarcelado. El amor que tenía por Jesucristo lo llevaba a obedecerle y servirle con mayor pasión dejando a un lado las complicadas circunstancias que a cualquiera de nosotros pudieran derribarnos, pero que a él lo hacían cada vez más fuerte.

¡Un ejemplo para todas las edades!

EPÍSTOLA DEL APÓSTOL PABLO A LOS FILIPENSES

Escritores:
Pbro. David Medina Pérez
Pbro. Luis Fernando Caballero C.
Rev. David González Martínez
Pbra. Meribah García Texon

Editores:
Pbro. Joel Aguirre Grajales (†).
Rev. David L. Aguillón

Editor general:
Dr. Teófilo J. Aguillón

Diseño y relaciones públicas:
Rev. Rubén D. Aguillón
Rev. Joel Aguillón
Eduardo Canché V
Kelly G. Palomo

INTRODUCCIÓN

Se encontraba el apóstol Pablo en su segundo viaje misionero, aproximadamente en el año 52 d.C., cuando el Espíritu Santo le mostró en visión a un varón macedonio, que estaba en pie, rogándole: *"Pasa a Macedonia y ayúdanos"*. El doctor Lucas, escritor del libro de los Hechos de los Apóstoles, narra, que enseguida procuraron, Pablo y sus acompañantes, *"partir a Macedonia, dando por cierto que Dios nos llamaba para que anunciásemos el evangelio"* (Hechos 16:6-10). Con esa señal divina se inició la primera iglesia en el continente europeo, en Filipos, y desde allí, comenzó la conquista espiritual del mundo occidental.

Trasfondo histórico-geográfico de Filipos y de Macedonia

Filipos era una ciudad de Macedonia (en el norte de la hoy Grecia), a dieciséis kilómetros (10 millas) del mar Egeo. Recibió su nombre en honor de "Filipo", el padre de Alejandro el Grande — Felipe II de Macedonia —, quien al frente de las huestes griegas derrotó a los poderosos persas, en el siglo cuarto a.C. Filipo tomó posesión de la ciudad y la fortificó. Al tiempo fue el escenario de la batalla en donde las fuerzas de los famosos generales Antonio y Octavio derrotaron a las de Bruto y Casio, terminando con la república (gobernada por el Senado) y dando origen al Imperio Romano.

Allí, el emperador Julio César estableció una colonia que les dio a sus habitantes plena ciudadanía romana. La ciudad estaba ubicada estratégicamente pues dominaba una de las rutas importantes en el imperio. Para los viajeros que venían de Asia Menor rumbo a Roma, Filipos era la puerta de entrada hacia Europa, pues era la "primera" ciudad de la provincia de Macedonia (Hch 16:12).

Al ser una colonia romana se manejaba por la ley romana y su constitución estaba redactada de acuerdo con ésta. Algunos derechos importantes que favorecían a los filipenses eran, entre otros, que no podían ser azotados en público y también contar con el derecho de apelar al César en procesos judiciales.

Su idioma oficial era el latín, por ser el idioma de Roma, pero el que se empleaba normalmente era el griego, producto de varios siglos de dominación política, cultural y educativa de Grecia. Así sucedió en gran parte del imperio romano, incluyendo Palestina y el Asia Menor. Recuérdese que los libros del Nuevo Testamento se escribieron en griego. Filipos era una ciudad cosmopolita, en donde se mezclaban personas de varias nacionalidades, principalmente griegos y romanos con ciudadanos de varios países de Asia, por ende, contemporizaban diversas filosofías, religiones y culturas. Todo un desafío para la predicación del evangelio, por ello el Espíritu Santo tomó control del anuncio de "las buenas nuevas", usando a su evangelista estrella y sus acompañantes.

Fundación de la primera iglesia en Europa

Los judíos en Filipos no eran muchos como para organizar una sinagoga. Recuérdese que se requerían diez hombres judíos que fueran cabezas de una casa, por lo tanto, se reunían en las afueras de la ciudad, a las orillas de un río. Allí llevó el Señor a Pablo y sus compañeros para predicar el evangelio. Ese primer sábado, Pablo habló a las mujeres que se habían reunido, entre ellas estaba Lidia, vendedora de púrpura, la cual, rindió su corazón al Señor Jesús y recibió el evangelio transformador. Fue bautizada, y su familia también (Hechos 16:13-15), abriendo su casa, como base para los misioneros.

Caminando Pablo y Silas por la ciudad, una esclava poseída por un espíritu de adivinación les siguió por muchos días. Esto desagradó al apóstol y echó fuera de ella al mal espíritu en el nombre del Señor. Ese acto molestó a los amos de la muchacha, quienes los acusaron y fueron llevado a la cárcel en donde iba a ocurrir algo trascendente que se ha comentado y predicado por generaciones.

En la cárcel, mostraron Pablo y Silas un espíritu de gozo y contentamiento en medio de la adversidad, como si no hubieran sido azotados cruelmente (Hch 16:16-25). Allí, ante el asombro de los presos que los escuchaban, a la medianoche oraban y cantaban himnos a Dios. El Señor honró su valor y testimonio e hizo que sobreviniera un terremoto que provocó que las cadenas de todos los encarcelados se soltaran. El carcelero pensando que los presos se escaparon, se quería matar. Pablo lo calmó, asegurándole que todos estaban allí.

Siempre se recordará el inspirador relato cuando el carcelero preguntó, ante el milagro:

— *"Señores, ¿qué debo hacer para ser salvo?*

— *Ellos dijeron: Cree en el Señor Jesucristo, y serás salvo, tú y tu casa.*

El carcelero se convirtió junto con toda su familia y por seguro comenzó a congregarse con Lidia y el resto de los hermanos (Hechos 16: 26-34). Al salir de la cárcel, por orden de los magistrados de la ciudad, los misioneros llegaron a la "casa", consolaron a la iglesia que ya se había establecido, pues en Filipos estuvieron "muchos días" (16:18) y de allí se marcharon a Tesalónica (Hechos 16:35-40) para fundar otra iglesia.

El evangelio es universal y no distingue razas, sexo y posición económica, para hacer su efecto. Los ejemplos: Lidia, una mujer adinerada, una muchacha esclava que fue liberada y el carcelero, un varón de clase media. ¡En Cristo no hay diferencias!

Seguramente la iglesia enfrentó persecuciones posteriores como la que sufrieron Pablo y Silas, pero siguieron adelante según el mismo Apóstol lo reconoció: *"como me es justo sentir esto de todos vosotros, por cuanto os tengo en el corazón; y en mis prisiones, y en la defensa y confirmación del evangelio, todos vosotros sois participantes conmigo de la gracia"* (Fil 1:7).

Autor

El autor de esta carta a los filipenses es el apóstol Pablo. La evidencia interna lo demuestra: ***"Pablo y Timoteo, siervos de Jesucristo, a todos los santos en Cristo Jesús, que están en Filipos, con los obispos y diáconos"*** (Fil 1:1). Entre los expertos existe un consenso aceptando como auténtica la afirmación de la carta de que Pablo es el autor. No ha habido razones de peso para poner en duda esta aseveración.

Fecha probable en que se escribió

Entre los años 60- 62 d.C. durante el primer encarcelamiento de Pablo en Roma.

Tema

El gozo de vivir por Cristo. (1:4, 18,25; 2:2, 16-18, 28; 3:1, 3; 4:1,4,10).

Se ha llamado a la Carta a los Filipenses, junto con las Cartas a los Efesios, Colosenses y Filemón, Epístolas de la Prisión. La razón es que el Espíritu Santo inspiró a Pablo a escribir estas cuatro cartas estando encarcelado. En esta carta encontramos evidencia de esto: ***"Quiero que sepáis, hermanos, que las cosas que me han sucedido han redundado más bien para el progreso del evangelio, de tal manera que mis prisiones se han hecho patentes en Cristo en todo el pretorio, y a todos los demás"*** (Fil 1:12,13).

Parece que el apóstol se encontraba en peligro de muerte (Fil 1:21-24) a causa de un proceso judicial. 2 Corintios 11:23, menciona que Pablo estuvo preso muchas veces. El libro de los Hechos proporciona información sobre tres encarcelamientos:

- En Filipos, al inicio de la iglesia (Hch 16:23-40),
- En Cesarea (Hch 21:32 al 26:32),
- En Roma (Hch 28:16-31).

Al parecer, por lo dicho en la misma carta, Pablo estaba preso en Roma; la referencia a *"los de la casa de César"* (Fil 4:22) y al *"pretorio"* (Fil 1:13) lo ubican en esta ciudad.

> Una característica especial de esta carta es que no es tan formal y es más personal que todos los escritos de Pablo. A diferencia de las otras epístolas, no la escribió debido a problemas o conflictos de la iglesia. Es una carta natural, abierta y cariñosa, una carta de un amigo a sus amigos. No tiene instrucciones formales o una argumentación de las doctrinas cristianas, contiene poco material histórico y no incluye citas del A.T

Es posible que Pablo visitó la iglesia dos veces durante su tercer viaje misionero. Una vez al principio (2 Corintios 8:1-5) y otra más según se narra en Hechos 20:6. Estando preso en Roma, unos 5 ó 6 años después de su última visita a Filipos, Pablo recibió ahora la agradable visita posiblemente de un grupo encabezado por Epafrodito, con una generosa ofrenda como lo habían apoyado en el pasado (Fil 4:15, 16) y también contribuido abundantemente para los necesitados de Jerusalén (2 Co 8:1-4).

Los temas de los que trata la carta son sobre algunas dificultades en la iglesia de Filipo y los nobles sentimientos de Pablo hacia ellos en medio de sus congojas. Epafrodito, un hermano de la iglesia de Filipo, no solo llevó una ofrenda de parte de ellos, sino instrucciones de quedarse con él en Roma y ayudarle (Fil 2:25,30; 4:10-18), lo cual el apóstol agradece. Este fiel siervo le proporcionó todos los detalles acerca de la fidelidad de la iglesia y sus luchas:

- 1:5 eran fieles en su devoción al evangelio
- 1:19 le recordaban y oraban por su liberación
- 1:29,30 sufrieron cuando él fue perseguido y posteriormente también.
- 2:12 eran obedientes, cuidando su salvación.
- 2:19,28 podían recibir Obreros de buen nombre, para su desarrollo.
- 3:2 necesitaban ser advertidos de peligros espirituales.
- 3:18,19 ya habían sido afectados por "enemigos *de la cruz de Cristo*"
- 4: 2,3 que algunos de sus líderes tenían luchas internas.
- 4:10 que actualizarían su programa misionero.
- 4:21,22 les recordó que todos los creyentes, son llamados a ser "santos"

Epafrodito enfermó de gravedad, durante el tiempo que estuvo con Pablo. Y ya recuperado, el apóstol lo envía de regreso a Filipos llevando la carta para la iglesia (Fil 2:26-30) en la cual los insta a recuperar la plena unidad (Fil 2:1; 3:15,16; 4:2).

> Las palabras "gozo, gozaos y regocijaos" aparecen dieciséis veces en esta epístola. Se insta a los hermanos en Filipos a regocijarse, porque tenían el privilegio de sufrir por Cristo (Fil 1:29). El nombre del Señor Jesucristo aparece aproximadamente cuarenta y cuatro veces (1:1, 8, 10, 11, 13, 15,16,18, 19, 20,21, 23,26, 27, 29; etc.). Por ello la carta se considera cristológica.

Pablo recalca que su vida gira alrededor de la lealtad a Cristo (1:21), y que su anhelo es crecer en semejanza a Él (3:8) y así poder participar de sus sufrimientos como de sus grandes victorias (3:14).

Bosquejo de la carta

A.-Salutación y bendiciones

    1.-Saludos a los santos de Filipos (1:1,2)

    2.-Acción de gracias por los filipenses (1:3-11).

B.-Recuento de la vida victoriosa de Pablo (1:12-30)

    1.-Su encarcelamiento ha inspirado a los creyentes (1:12-14)

    2.-Motivaciones positivas y negativas para predicar (1:15-18)

    3.-Pablo siempre dispuesto a dar su vida por Cristo. (1:19-26)

    4.-Espera la misma disposición de los filipenses (1:27-30)

C.-Una de las grandes declaraciones cristológicas del N.T. (2:1-11)

D.-Ser luminares en el mundo (2:12-29)

    1.-Ocuparse de su salvación con temor y temblor (2:12,13)

    2.-Honrando el ejemplo de Pablo (2:14-18)

    3.-Siguiendo el ejemplo de Timoteo y Epafrodito (2:19-30).

E.-Advertencias de Pablo respecto a las enseñanzas falsas (3:1-21)

    1.-Sobre las influencias del legalismo judío (3:1-12)

    2.-Mirando siempre hacia la meta establecida por Cristo (3:12-16)

    3.-Recordar que la ciudadanía segura está en los cielos (3:17-21)

F.-Consejos de Pablo para la buena marcha de la iglesia (4:1-9)

    1.-Los problemas internos se solucionen pronto en amor (4:1-5)

    2.-Ser libres de ansiedad y siempre llenos de paz (4:1-7)

    3.-El pensamiento lleno de atributos espirituales (4:8,9)

G.-Reconocimiento del Apóstol a las ofrendas misioneras (4:10-20)

    1.-Los filipenses un ejemplo desde el principio (4:1-16)

    2.-Premios permanentes a los ofrendantes (4:17-20)

H.-Salutaciones finales (4:21-23)

EPÍSTOLA A LOS FILIPENSES

CAPÍTULO 1

Salutación, Fil 1:1,2

1:1,2 *"Pablo y Timoteo, siervos de Jesucristo, a todos los santos en Cristo Jesús que están en Filipos, con los obispos y diáconos: Gracia y paz a vosotros, de Dios nuestro Padre y del Señor Jesucristo."*

El apóstol Pablo no tenía necesidad de demostrar su apostolado delante de los filipenses, estaba consciente de que la iglesia reconocía su autoridad apostólica y que su ministerio no estaba en duda. Con esta seguridad solo se presenta con un calificativo: **"siervo de Jesucristo"**. *Según el diccionario Strong, la palabra siervo viene del griego δοῦλος doúlos: esclavo, literal o figuradamente, involuntario o voluntario, en un sentido calificado de sujeción o subordinación. Sinónimos: esclavitud, servir, siervo.*

Al llamarse siervo de Jesucristo, Pablo usa la palabra "huperetes" que era el término con el que se designaba a los esclavos en el más bajo nivel de esclavitud, el más humillante de todos. Cuando usaban los barcos para la guerra, colocaban a los "huperetes" remando encadenados en la parte baja del barco, si éste se hundía, ellos morían. Tal es el fuerte simbolismo que Pablo usó para él mismo y para Timoteo.

En la misma línea del saludo, el Apóstol cita al joven Timoteo (Hechos 16:1-5,12), quien era conocido y aprobado por las iglesias como su fiel colaborador. Más adelante en la misma carta, el Apóstol cita a Timoteo como muy interesado en visitarlos (Fil 2:19-23), resaltando sus méritos en esta ejemplar misiva.

Asimismo, el apóstol Pablo hace mención que los destinatarios son santos en Cristo Jesús, *el Diccionario Strong menciona que, santos viene del griego ἅγιος, ágios: sagrado (físicamente puro, moralmente sin culpa, ceremonialmente consagrado) santísimo, santo, santa.* De esta manera, el apóstol Pablo se dirige a aquellos que han sido puestos aparte por Dios y llamados a vivir en santidad, apartados de las corrientes de este mundo y dispuestos a agradar a Aquél que los llamó a guardarse sin mancha.

El apóstol Pablo menciona de manera muy particular a los obispos (1 Ti 3:1-7) y diáconos (Hch 6:3-6, 1 Ti 3:8-13), *Según el diccionario Strong, la palabra obispo viene del griego ἐπίσκοπος – epískopos: superintendente, oficial cristiano a cargo general de una o varias iglesias, obispo. Y la palabra diáconos viene del griego διάκονος —diákonos— ayudante, maestro cristiano y pastor, técnicamente diácono o diaconisa, ministro, servidor, siervo, sirviente.*

Ellos fungían como oficiales en el ministerio de la iglesia. A su vez eran de gran ayuda para los apóstoles, ya que velaban y cuidaban el rebaño del Señor. Su labor es reconocida por el Apóstol Pablo y los menciona para que la iglesia considere siempre su importante trabajo. Los obispos se mencionan también en otras cartas del Nuevo Testamento como, ancianos **(obispos, ancianos y pastores son sinónimos)** responsables del cuidado de la iglesia y junto con ellos los diáconos.

 Texto controversial

> En su epístola a Tito (1:5,7), Pablo intercambia los términos de obispo y anciano. En Hechos 20:28, los llama obispos, y se describe su llamamiento. En varias partes se mencionan sus deberes, tales como gobernar como ancianos (1 Ti 5:17, Tito: 1:5,7; 1 P. 5:2), pastorear el rebaño (Hch 20:28), ser vigilantes de la correcta enseñanza y la supervisión general de la Obra, incluyendo las finanzas. En Hechos 11:30 se llama ancianos a los líderes de Jerusalén. Actualmente cada Denominación usa distintos nombres para esos cargos. Asambleas de Dios, desde su fundación, ha llamado a los líderes de las iglesias, pastores y diáconos, los cuales forman las juntas directivas. La Iglesia Presbiteriana, usa pastores y ancianos gobernantes; la Iglesia Metodista llama obispos a los directivos nacionales o regionales; etc".

Gracia y Paz, un saludo que Pablo popularizó (Ro 1:7; 1 Co 1:3) y que en muchas partes se usa hoy en día. *"gracia"* del griego χάρις, járis: gratitud. Y el vocablo "paz" del hebreo שָׁלוֹם, shalom. Gracia como tal, es un favor inmerecido que nos reconcilia con Dios a través de Jesucristo, supliendo nuestras necesidades y llamándonos a su servicio. De igual forma *"paz"*, que además de ser una promesa de ayuda en situaciones difíciles, nos lleva a entender que teniendo la bendición de parte de Dios debemos experimentar un bienestar interior permanente.

Nota doctrinal

> *"Dios nuestro Padre y del Señor Jesucristo"*: Tanto en esta porción de las Escrituras como en otras de los evangelios y de las epístolas, se encuentra el vínculo entre Dios Padre y Dios Hijo. Observar a Dios como un ser que existe en tres personas distintas y que comparte una naturaleza divina: Padre, Hijo y Espíritu Santo (Mt 3:16-17; 28:19; 2 Co 13:14; Ef 4:4-6; 1 P 1:2; Judas 20,21), nos llena de gran gozo y constituye un ejemplo permanente de cómo los ministros y creyentes honramos el deseo de Jesús, manifestado en Juan 17:21: *"para que todos sean uno, como tú, oh Padre, en mí, y yo en ti".*

Oración de Pablo por los creyentes, Fil 1:3-11

1:3-5 *"Doy gracias a mi Dios siempre que me acuerdo de vosotros, ⁴siempre en todas mis oraciones rogando con gozo por todos vosotros, ⁵por vuestra comunión en el evangelio, desde el primer día hasta ahora;"*

El apóstol Pablo ahora cambia su lenguaje a primera persona, ya no dice Pablo y Timoteo. Sino que recalca su gratitud a Dios, a pesar de estar pasando por momentos muy difíciles al encontrarse encarcelado en Roma (Hch 28:16-31). Y comienza a perfilarse el permanente tono de esta epístola: afecto cordial y aprecio por la congregación filipense. Y no menciona problemas o conflictos en la congregación como en otras epístolas. Esto es algo digno de resaltar sobre esta iglesia.

El apóstol Pablo deja a un lado sus padecimientos, aceptando la voluntad perfecta de Dios en su vida, para que se cumplan sus propósitos, no dejando de orar y rogar por la iglesia. *Según el diccionario Strong, la palabra gozo viene del griego χαρά – jará que traducido es, alegría.*

Con esto, vemos la sinceridad y transparencia del Apóstol al decir que está contento con ellos porque recuerda el trabajo incansable que han realizado en la obra del Señor. Recalca esa espiritual comunión que ha mantenido con los filipenses, desde los días en que se fundó la iglesia años atrás en su segundo viaje misionero. (Hch 16:12-15).

 **PARA MEDITAR**

Muchas veces nuestras oraciones son de intercesión por aquellos hermanos que se han alejado de la iglesia, que se han desanimado o simplemente ya no quieren nada con el Señor. Eso está bien, pero hoy Pablo nos enseña a orar con gozo reconociendo a los creyentes que han permanecido fieles en la iglesia local y alegrarnos por su permanente crecimiento espiritual.

1:6-8 *"estando persuadido de esto, que el que comenzó en vosotros la buena obra, la perfeccionará hasta el día de Jesucristo; ⁷como me es justo sentir esto de todos vosotros, por cuanto os tengo en el corazón; y en mis prisiones, y en la defensa y confirmación del evangelio, todos vosotros sois participantes conmigo de la gracia. ⁸Porque Dios me es testigo de cómo os amo a todos vosotros con el entrañable amor de Jesucristo."*

Según el diccionario Strong, "persuadido" proviene del griego πείθω – *peídso que significa convencer mediante argumento verdadero o falso; descansar (mediante certeza interna) seguro, sentir confianza, confiar.* Dado el significado de la palabra "persuadido" que usa el apóstol Pablo, se observa que existe una seguridad sobre el propósito de Dios a cumplirse en la vida de los filipenses. Está convencido de que Dios cumplirá su plan en la iglesia de Filipos, ya que como lo ha experimentado en su propia vida, desde el momento en que vino a los pies de Cristo su gracia ha sido muy real. Por ello, les recalca que Dios ya empezó una obra en ellos y que la irá perfeccionando en cada creyente hasta el día en que Jesucristo venga por su iglesia.

 **PARA MEDITAR**

El versículo 6, se usa con frecuencia para dedicar un libro, una foto en un anuario, como un texto en un diploma o para manifestar un deseo sincero de que la persona sea guardada hasta el día de Jesucristo.

A su vez, el apóstol Pablo muestra sus sinceros sentimientos hacia los filipenses, diciendo que los tiene en su corazón en todo momento, y que aun en sus prisiones, no se ha apagado ese amor por ellos. Y les recuerda que su trabajo es igual al de él, que la gracia redentora de Jesucristo los ha hecho partícipes de la gran bendición de servirle y defender el evangelio.

> Debe decirse desde un principio que en la iglesia de Filipos no se perciben asuntos que se deban arreglar o cuestiones que se hayan presentado en las que el Apóstol tenga que opinar o dar dirección, como sucedió con otras iglesias a las que Pablo escribió. El enfoque sobre esta iglesia es digno de imitar. A pocas iglesias Pablo les dijo: ***todos vosotros sois participantes conmigo de la gracia***.

1:9-11 *"Y esto pido en oración, que vuestro amor abunde aún más y más en ciencia y en todo conocimiento, ¹⁰para que aprobéis lo mejor, a fin de que seáis sinceros e irreprensibles para el día de Cristo,¹¹ llenos de frutos de justicia que son por medio de Jesucristo, para gloria y alabanza de Dios."*

El amor, si es para Cristo, debe basarse en la revelación y en el conocimiento bíblicos. Es decir, no sólo es conocimiento en el intelecto, sino comprensión espiritual en el corazón. Es decir, basarse en una profunda experiencia personal con el Señor y no solo un conocimiento intelectual acerca de Dios (Efesios 3:16-19).

El propósito de la vida cristiana, como lo enseñó el Señor Jesucristo y lo recalcó en las iglesias el apóstol Pablo, es experimentar permanentemente una vida fructífera (Juan 15:1-8, Gá. 5:22-23). Es decir, no un activismo que entretenga, sino una demostración permanente de carácter firme, en donde se le diga no al pecado y sí, a una vida de realizaciones viviendo en la gracia.

 **PARA MEDITAR**

> Es cierto que es difícil caminar de manera irreprensible, por ello, Cristo expresó antes de partir que estaría con nosotros hasta el fin del mundo (Mt 28:20). Eso trae seguridad y confianza. Por lo demás, el apóstol Pablo deja en claro que nuestras oraciones no deben producirse solo pensando en nuestro bienestar o de nuestra familia, sino también a favor de la comunidad cristiana en la que nos desarrollamos *"**llenos de frutos de justicia**"* y desde allí, al mundo circundante al que le damos testimonio.

Para mí el vivir es Cristo, Fil 1:12-30

1:12,13 *"Quiero que sepáis, hermanos, que las cosas que me han sucedido han redundado más bien para el progreso del evangelio, ¹³de tal manera que mis prisiones se han hecho patentes en Cristo en todo el pretorio, y a todos los demás.*

A pesar de estar encarcelado, sin oportunidad de moverse libremente por el mundo para compartir las buenas nuevas de Jesucristo, su testimonio de vida se *había hecho patente en Cristo en todo el pretorio y a todos los demás,* lo cual implicaba una seguridad estricta por parte de la guardia romana. Recuérdese lo que el escritor Lucas narra en *Hechos 28:30 "el apóstol Pablo permaneció dos años enteros en una casa alquilada, y recibía a todos los que a él venían, predicando el reino de Dios y enseñando acerca del Señor Jesucristo, abiertamente y sin impedimento".* Sin duda, el apóstol Pablo no perdía el tiempo y aprovechaba cada situación para anunciar el evangelio de Cristo a todo aquel que lo escuchara.

NOTA HISTÓRICA

El pretorio estaba constituido por un grupo de guardias imperiales, distinto del ejército o policía romana, tenía una fuerza de unos 9000 hombres en Roma. Es de creer que oyeron del evangelio a través de miembros de la corporación a quienes había sido asignado el deber de custodiar a Pablo. De tal manera que el guardia y el preso estaban encadenados juntos, lo que proporcionaba a Pablo "una audiencia cautiva" obligada a escuchar el evangelio (cp. Ef 6:20). [Biblia de Estudio Ryre pg. 1203].

PARA MEDITAR

El Señor Jesucristo también fue llevado a otro regimiento del pretorio, el de Jerusalén, (Mt 27:15-31) después de haber estado en un juicio ante Pilato. Fue en el pretorio donde su cuerpo de nuevo pasó por sufrimiento (26:67) y donde fue ultrajado con aquella vestimenta y corona de espinas indignas del Hijo de Dios, para dirigirse al sitio de su crucifixión.

El apóstol Pablo también experimentó la soberanía del Padre, la cual permite que sus siervos pasen por aflicciones que en el presente no se entienden. A pesar de estar encarcelado, pudo escribir por inspiración del Espíritu Santo, las teológicas cartas llamadas "de la prisión" que son de inigualable edificación para la Iglesia: Efesios, Filipenses, Colosenses y Filemón.

1:14-18 *"Y la mayoría de los hermanos, cobrando ánimo en el Señor con mis prisiones, se atreven mucho más a hablar la palabra sin temor. ¹⁵Algunos, a la verdad, predican a Cristo por envidia y contienda; pero otros de buena voluntad. ¹⁶Los unos anuncian a Cristo por contención, no sinceramente, pensando añadir aflicción a mis prisiones; ¹⁷pero los otros por amor, sabiendo que estoy puesto para la defensa del evangelio. ¹⁸¿Qué, pues? Que no obstante, de todas maneras, o por pretexto o por verdad, Cristo es anunciado; y en esto me gozo, y me gozaré aún".*

El apóstol siendo inspiración para muchos creyentes les comenta que los hermanos fieles han cobrado ánimo por seguir compartiendo el evangelio de Jesucristo a pesar de lo que pueda pasarles, incluso que ellos mismos puedan caer también a la cárcel. Por ello les escribe: *"la mayoría de los hermanos, cobrando ánimo en el Señor con mis prisiones, se atreven mucho más a hablar la palabra sin temor"*.

Luego el Apóstol comienza una sección de contrastes, que no se quisiera escuchar. Es inspirador saber de los creyentes que testifican y predican por motivos sanos y correctos; pero es deprimente saber que algunos lo hacen por motivaciones perversas pensando en ofender a algún otro pastor o evangelista: *"Algunos, a la verdad, predican a Cristo por envidia y contienda; pero otros de buena voluntad"*.

Algunos tenían envidia del Apóstol por el gran ministerio que ejercía o por solo debatir sobre aquellas enseñanzas firmes que Pablo había impartido a la iglesia (Ro 14:1, 1 Co 3:10-15, 1 Co 9:1, 2 Co 11:1-4). Debe recordarse que en muchas de las cartas aparece el tema de los judaizantes, a quienes el Apóstol refutaba y exhortaba para que no enseñaran interpretaciones erradas distorsionando el santo evangelio y confundiendo a la iglesia. Personas que evidentemente no manifestaban el fruto del Espíritu Santo (Gá. 5:22-23) sino actitudes carnales que incluían contiendas, disensiones y envidias

(Gá. 5:19-21). Añadiendo aflicción al espíritu del Apóstol, quien aún desde las mazmorras romanas velaba por el bienestar de la iglesia.

- *"Los unos anuncian a Cristo por contención, no sinceramente, pensando añadir aflicción a mis prisiones;*
- *pero los otros por amor, sabiendo que estoy puesto para la defensa del evangelio".*

Sabiamente, el apóstol Pablo hace notar que existen muchos que son genuinos creyentes, que anuncian diligentemente el evangelio de Jesucristo siguiendo el ejemplo del Apóstol y honrando su ministerio, alcanzando almas para Cristo en los contornos romanos, o en otras latitudes.

PARA MEDITAR

Qué disfuncional realidad existe. Encontrar predicadores, que pudieran invertir sus conocimientos y talentos en predicar un evangelio bíblico y salvífico; sin embargo, los escuchamos malgastar su tiempo en contradecir a predicadores reconocidos, nada más porque no son de "mi iglesia" o de "mi denominación". Ya sucedió en tiempo de Jesús, cuando los discípulos discutían sobre quien" habría *de ser el mayor"* según se narra en Marcos 9: 34-40. Seguido a esa discusión, Juan "el discípulo amado", le comentó al Maestro: *"hemos visto a uno que en tu nombre echa fuera demonios, pero él no nos sigue; y se lo prohibimos, porque no nos seguía".* Pero Jesús dijo: *"no se lo prohibáis; porque ninguno hay que haga milagros en mi nombre, que luego pueda decir mal de mí. Porque él que no es contra nosotros, por nosotros es".* En el mismo espíritu de Cristo, Pablo pregunta: *[18]¿Qué, pues? Que no obstante, de todas maneras, o por pretexto o por verdad, Cristo es anunciado; y en esto me gozo, y me gozaré aún".*

1:19,20 *"Porque sé que por vuestra oración y la suministración del Espíritu de Jesucristo, esto resultará en mi liberación, [20]conforme a mi anhelo y esperanza de que en nada seré avergonzado; antes bien con toda confianza, como siempre, ahora también será magnificado Cristo en mi cuerpo, o por vida o por muerte."*

NOTA HISTÓRICA

Pablo tenía la seguridad de que iba a salir de este encarcelamiento, por muy tranquilo "y confortable" que fuera. Pues conforme a lo que se narra en Hechos 28:30, el Apóstol estaba en una casa alquilada bajo la vigilancia permanente de guardias pretorianos, confirmada aquí en 1:12-30.

Un erudito expresa algo interesante: "en este pasaje Pablo nos relata todo cuanto sabemos de este período de encarcelamiento" (vea la nota en 1:13).

1:21-26 *"Porque para mí el vivir es Cristo, y el morir es ganancia. [22]Mas si el vivir en la carne resulta para mí en beneficio de la obra, no sé entonces qué escoger. [23]Porque de ambas cosas estoy puesto en estrecho, teniendo deseo de partir y estar con Cristo, lo cual es muchísimo mejor; [24]pero quedar en la carne es más necesario por causa de vosotros. [25]Y confiado en esto, sé que quedaré, que aún permaneceré con todos vosotros, para vuestro provecho y gozo de la fe, [26]para que abunde vuestra gloria de mí en Cristo Jesús por mi presencia otra vez entre vosotros."*

NOTA DOCTRINAL

Este es un pasaje, que revela la seguridad que Pablo tenía en lo que le esperaba al partir de esta tierra: *"teniendo deseo de partir y estar con Cristo, lo cual es muchísimo mejor"*. La visita personal que el Cristo resucitado le hizo camino a Damasco, y su posterior lanzamiento al mundo gentil, no le dejaba tener dudas de ningún tipo. Es la misma seguridad que todos los creyentes en Cristo debemos tener.

Aparece una disyuntiva en la vida del apóstol, donde tiene que elegir entre dos bendiciones. La primera es que desea partir con Cristo, lo cual es muchísimo mejor porque es poner fin a todos los sufrimientos por lo que estaba pasando y encontrarse con su amado Señor. En cambio, la segunda es quedarse un tiempo más en este mundo para ser de edificación al cuerpo de Cristo y seguir escribiendo y seguir animando a ser fieles con el Señor en todas las áreas de la vida cristiana. *^{25}Y confiado en esto, sé que quedaré, que aún permaneceré con todos vosotros, para vuestro provecho y gozo de la fe, ^{26}para que abunde vuestra gloria de mí en Cristo Jesús por mi presencia otra vez entre vosotros."*

El apóstol Pablo afirma que quedará vivo más tiempo, que Cristo le ha dado tal seguridad. Las Epístolas a Timoteo y a Tito, tan importantes para la iglesia local faltaban por escribirse y España se veía en lontananza.

1:27-30 *"Solamente que os comportéis como es digno del evangelio de Cristo, para que o sea que vaya a veros, o que esté ausente, oiga de vosotros que estáis firmes en un mismo espíritu, combatiendo unánimes por la fe del evangelio, ^{28}y en nada intimidados por los que se oponen, que para ellos ciertamente es indicio de perdición, mas para vosotros de salvación; y esto de Dios. ^{29}Porque a vosotros os es concedido a causa de Cristo, no sólo que creáis en Él, sino también que padezcáis por Él, ^{30}teniendo el mismo conflicto que habéis visto en mí, y ahora oís que hay en mí."*

El apóstol Pablo exhorta a los santos que estaban en Filipos a mantener una conducta digna de los ciudadanos del reino de los cielos. Si bien es cierto que la ciudad de Filipos era una provincia romana que disfrutaba de muchas atenciones por parte del imperio, y que al contar con la ciudadanía romana podrían disfrutar de muchas ayudas por parte del emperador, no debían olvidarse que ahora formaban parte de otro reino, el cual no es terrenal sino celestial, y que debían seguir *"combatiendo unánimes por la fe del evangelio, ^{28}y en nada intimidados"* y en todo debía glorificar el nombre de Cristo.

Les hace saber que él no es ajeno a todo lo que ha pasado en sus vidas y que es de aplaudirse. Y ya sea que vaya a verlos o se encuentre ausente, los insta a defender el evangelio firmemente en un mismo espíritu ante todo aquel que demande razón sobre lo que creen o quiera levantarse contra el fundamento de Cristo. Además, les motiva a no intimidarse ante aquellos que se oponen al santo evangelio, pues ya esas personas han acarreado condenación sobre sus vidas al no creer en Jesucristo como Salvador (Jn 3:16-21).

El apóstol Pablo los desafía a seguir siendo fieles, a pesar de las luchas y pruebas que puedan venir a sus vidas, y que, aunque esas luchas los hagan padecer, esto también es parte de lo que el Señor permite para que su nombre sea glorificado. Su gracia será suficiente, tal y como el Apóstol lo experimentó estando encarcelado en Filipos (Hch 16:19-40) y ahora en Roma.

 **PARA MEDITAR**

Recordemos que Cristo enfatizó a sus discípulos en Mateo 10:39 *"el que halla su vida, la perderá; y el que pierde su vida por causa de mí, la hallará.* Y en Marcos 8:35 *"porque todo el que quiera salvar su vida, la perderá; y todo el que pierda su vida por causa de mí y del evangelio, la salvará".* Podemos decir que nuestra vida estando en Cristo siempre está segura, y que, aunque se levante persecución a nuestro alrededor y podamos perder la vida, tenemos garantía de que nuestro Señor y Salvador Jesucristo estará presente para recibirnos.

EPÍSTOLA A LOS FILIPENSES

CAPÍTULO 2

Humillación y exaltación de Cristo, Fil 2:1-11

2:1-4 *"Por tanto, si hay alguna consolación en Cristo, si algún consuelo de amor, si alguna comunión del Espíritu, si algún afecto entrañable, si alguna misericordia, ²completad mi gozo, sintiendo lo mismo, teniendo el mismo amor, unánimes, sintiendo una misma cosa. ³Nada hagáis por contienda o por vanagloria; antes bien con humildad, estimando cada uno a los demás como superiores a él mismo; ⁴no mirando cada uno por lo suyo propio, sino cada cual también por lo de los otros."*

Son notables los "si hay/alguno(a)" con los que comienza el Apóstol este capítulo:

- si hay alguna consolación en Cristo,
- si algún consuelo de amor,
- si alguna comunión del Espíritu,
- si algún afecto entrañable,
- si alguna misericordia…

Si esas condiciones se dan entre los filipenses, entonces se producirían estos frutos:

⇒ **completad mi gozo**
⇒ **sintiendo lo mismo**
⇒ **teniendo el mismo amor**
⇒ **unánimes**
⇒ **sintiendo una misma cosa**

Para evitar que en la iglesia de Filipos se manifieste desunión entre sus miembros, el apóstol Pablo señala elementos que en la praxis cristiana son factores positivos que se deben cultivar: *"sintiendo lo mismo, teniendo el mismo amor, unánimes, sintiendo una misma cosa"* y factores negativos que se deben evitar: *"nada hagáis por contienda o por vanagloria"*.

El Apóstol cita la palabra "unánimes" haciendo recordar la hermosa experiencia de aquellos ciento veinte que se encontraban esperando la promesa del Espíritu Santo, en el Aposento Alto (Hechos 2:1-4), y las características de armonía y congruencia que mostraron aquellos hermanos de la naciente iglesia después del derramamiento del Espíritu Santo en el Pentecostés (Hechos 2:43-47). Sin duda, al igual, esa condición de estar unánimes los iba a llevar a disfrutar hermosas experiencias de parte del Señor.

Desde luego que en esta lista de "si hay/alguno(a)" y frutos deseables, resalta la conclusión de esta sección en el segmento de Filipenses 2:5-11, que hace del capítulo una joya cristológica: La humillación y exaltación de Cristo. (El cual encuentra un pasaje paralelo en Col 1: 15-19).

"...con humildad, estimando cada uno a los demás como superiores a él mismo". Ser humilde significa estar consciente de las propias debilidades y dispuesto a dar a Dios el crédito por los logros personales y considerar a los demás con toda sinceridad, como más importantes que uno mismo. *"Que nadie tenga más alto concepto de sí que el que debe tener, sino que piense de sí con cordura, conforme a la medida de fe que Dios repartió a cada uno"* (Romanos 12:3)

"no mirando cada uno por lo suyo propio, sino cada cual también por lo de los otros." Lo opuesto de la humildad es el orgullo, que es un sentimiento que se da en la persona que cree sólo en el valor de sus propios méritos, superioridad y logros.

La conducta de un creyente en Cristo permite superar el individualismo, la vanagloria, la envidia y el egocentrismo, cumpliéndose así el propósito de Dios.

PARA MEDITAR

Debemos comportarnos como dignos representantes del Cordero de Dios, para que en todo mantengamos la humildad y el servicio, que son herramientas esenciales para alcanzar almas para Cristo y para que el crecimiento de la iglesia se dé con naturalidad, no provocando conflictos ni mucho menos divisiones. En todo tiempo debemos mantenernos en comunión con el Espíritu para disfrutar permanentemente el gozo del Señor.

2:5-11 *"Haya, pues, en vosotros este sentir que hubo también en Cristo Jesús, ⁶el cual, siendo en forma de Dios, no estimó el ser igual a Dios como cosa a que aferrarse, ⁷sino que se despojó a sí mismo, tomando forma de siervo, hecho semejante a los hombres; ⁸y estando en la condición de hombre, se humilló a sí mismo, haciéndose obediente hasta la muerte, y muerte de cruz.*
⁹Por lo cual Dios también le exaltó hasta lo sumo, y le dio un nombre que es sobre todo nombre, ¹⁰para que en el nombre de Jesús se doble toda rodilla de los que están en los cielos, y en la tierra, y debajo de la tierra; ¹¹y toda lengua confiese que Jesucristo es el Señor, para gloria de Dios Padre."

NOTA DOCTRINAL

La divinidad, el señorío de Cristo y lo que Él hizo, impactó tanto la vida del Apóstol, que le hace producir una de las declaraciones de mayor fuerza y de lo más bello que se ha dicho de Cristo, en el Nuevo Testamento.

"Siendo en forma de Dios". Prueba irrefutable de que Cristo existió eternamente como Dios. La naturaleza divina tenía en sí infinita hermosura, esa hermosura era "la forma de Dios". Cristo es la expresión perfecta y absoluta de la esencia de Dios, (B. de las Américas, pág 1638), en un estado de igualdad con Dios, teniendo la misma esencia (Coment.Exeg.pg. 495). En Colosenses 1:15-19, un pasaje muy semejante a este de Filipenses, Pablo declara: *"Él es la imagen del Dios invisible, el primogénito*

de toda creación". Y el escritor de la Epístola a los Hebreos, resaltando a Jesús reflejando al Padre, lo describe como: *"el resplandor de su gloria, y la imagen misma de su sustancia"* (1:3)

"no estimó el ser igual a Dios como cosa a que aferrarse", "Aunque Cristo tenía todos los derechos, privilegios y honores de la deidad, de los cuales siempre fue digno y nunca podría ser descalificado de su posesión, su actitud fue no asirse a esas cosas o a su posición, sino estar dispuesto a prescindir de ello por un tiempo (Juan 17:5)" (Biblia McArthur).

"se despojó a sí mismo, tomando forma de siervo, (esclavo sujeto a la voluntad de su Padre Celestial) *hecho semejante a los hombres"* Se humilló primero al tomar para sí nuestra naturaleza, y luego humillándose aún más en dicha naturaleza (Ro 15:3). Cristo Jesús, Dios eterno, se despojó de su divinidad, para tomar un cuerpo mortal, semejante al cuerpo de los hombres, para así morir en una cruz.

 **NOTA HISTÓRICA**

"Y estando en la condición de hombre, se humilló a sí mismo, haciéndose obediente hasta la muerte, y muerte de cruz". Pablo describe una doble humillación del Señor. Haberse hecho hombre ya es una humillación, pero el hacerse obediente hasta la muerte, y muerte de cruz, constituye otra. Deuteronomio 21:22,23 autorizaba colgar en un madero a quien cometiera un delito muy grave, precisando que *"maldito por Dios es el colgado en un madero"* (Gá 3:13). Los romanos en su tiempo no solamente colgaban a los malhechores, sino que los crucificaban, ya no en un solo madero, sino en dos, formando una cruz. Esa muerte era muy degradante, al grado que los ciudadanos romanos no podían ser castigados en esa forma. Nuestro amado Jesús fue considerado un malhechor merecedor de ser castigado así.

 **PARA MEDITAR**

conociendo lo que dejó en su gloria celestial, para venir a morir por pecadores como nosotros, debiera exhortarnos a caminar firmemente delante de su presencia y agradarlo en todo momento por el simple hecho que Él ya lo hizo cuando caminó en esta tierra. Dios el Padre permitió cada una de las cosas que le acontecieron a su Hijo unigénito, porque solamente a través de su sacrificio podríamos recibir salvación.

Francisco Lacueva en su libro "Un Dios en tres personas" expresa que: "el momento de la Encarnación no supuso un cambio en la persona del Hijo de Dios, sino la nueva existencia de una naturaleza humana (creada) asumida por el Verbo en unión hipostática. ("la unión hipostática del Verbo", como le llaman otros). Es decir, se hizo hombre sin dejar de ser Dios, como se menciona en Juan 10:30: *"Yo y el Padre uno somos"*. El apóstol Pablo no dice que el Hijo cambió o dejó la esencia de Dios para tomar la esencia de hombre, sino que siendo en forma de Dios (poseyendo la naturaleza divina que se manifestaba en la majestad inaccesible) no estimó el ser igual a Dios como cosa a que aferrarse.

"Dios también le exaltó hasta lo sumo". Es una referencia a la resurrección, ascensión y glorificación de Cristo. El apóstol Pedro le dijo a la multitud, el día del Pentecostés: *"sepa, pues, ciertísimamente toda*

la casa de Israel, que a este Jesús a quien vosotros crucificasteis, Dios lo ha hecho Señor y Cristo". (Hechos 2:33-36)

"le dio un nombre que es sobre todo nombre, para que en el nombre de Jesús se doble toda rodilla de los que están en los cielos, y en la tierra, y debajo de la tierra"

Es decir, el máximo honor de darle un nombre que refleja su dignidad, rango, oficio y majestad. Un nombre de autoridad, de mediador, de abogado, de Salvador y de esposo de su amada iglesia. Todo lo que lo hace digno de ser adorado y honrado como Señor. *¹¹y toda lengua confiese que Jesucristo es el Señor, para gloria de Dios Padre."*

Con este nombramiento el Señor anuló un destino fatal para la humanidad:

"anulando el acta de los decretos que había contra nosotros, que nos era contraria, quitándola de en medio y clavándola en la cruz, y despojando a los principados y a las potestades, los exhibió públicamente, triunfando sobre ellos en la cruz." (Colosenses 2:14-15).

Luminares en el mundo, Fil 2:12-18

2:12-18 *"Por tanto, amados míos, como siempre habéis obedecido, no como en mi presencia solamente, sino mucho más ahora en mi ausencia, ocupaos en vuestra salvación con temor y temblor, ¹³porque Dios es el que en vosotros produce así el querer como el hacer, por su buena voluntad. ¹⁴Haced todo sin murmuraciones y contiendas, ¹⁵para que seáis irreprensibles y sencillos, hijos de Dios sin mancha en medio de una generación maligna y perversa, en medio de la cual resplandecéis como luminares en el mundo; ¹⁶asidos de la palabra de vida, para que en el día de Cristo yo pueda gloriarme de que no he corrido en vano, ni en vano he trabajado. ¹⁷Y aunque sea derramado en libación sobre el sacrificio y servicio de vuestra fe, me gozo y regocijo con todos vosotros. ¹⁸Y asimismo gozaos y regocijaos también vosotros conmigo."*

Pablo después de haberles recordado la sublime obra realizada por el Señor Jesucristo como el Hijo de Dios, que fue obediente hasta la muerte y muerte de cruz; les recalca a los filipenses que son llamados a una obediencia similar, ya fuere que estuviera el Apóstol presente o no.

Les recuerda: *ocupaos en vuestra salvación con temor y temblor*. *"ocupaos"* proviene del griego κατεργάζομαι – *katergázomai* – el diccionario Strong dice que significa: *trabajar completamente, conseguir, lograr, terminar, producir.*

Además, les encarga a los filipenses que lo hagan *"con temor y temblor"*, el diccionario bíblico Strong, menciona que la palabra *temor*, proviene del griego φόβος, *fóbos*: alarma, o susto; respeto, respetuoso, temer, temor, miedo.

Es decir, mantener una actitud temerosa para no ofender al Señor; de tal manera que la salvación otorgada por Él se vaya a manchar y una vida descuidada origine alejarse de Él poniendo en peligro ese perdón de pecados. Se cuenta con una excelente garantía *³porque Dios es el que en vosotros produce así el querer como el hacer, por su buena voluntad.*

El apóstol Pablo hace mención a los congregantes en Filipos que debían **resplandecer como luminares en el mundo**. El Señor Jesucristo en el maravilloso Sermón del monte lanzó este desafío: *"Vosotros sois la luz del mundo; una ciudad asentada sobre un monte no se puede esconder. Ni se enciende una luz y se pone debajo de un almud, sino sobre el candelero, y alumbra a todos los que están en casa. Así alumbre vuestra luz* *delante de los hombres, para que vean vuestras buenas obras, y glorifiquen a vuestro Padre que está en los cielos"* (*Mateo 5:14-16*).

Pablo, además, les da algunas directrices:

- *Haced todo sin murmuraciones y contiendas,*
- ser *irreprensibles y sencillos,*
- *hijos de Dios sin mancha en medio de una generación maligna y perversa*
- *asidos de la palabra de vida,*

 **PARA MEDITAR**

> Cuántas congregaciones, épocas hermosas de florecimiento se han visto empañadas por las críticas entre los hermanos. Murmuraciones y contiendas, por asuntos baladíes, que a veces hacen recordar lo que se vive "allá afuera", *"una generación maligna y perversa"*. Creyentes sencillos se afectan yéndose a otras iglesias y peor tantito, alejándose del Señor. Vale mucho el consejo paulino.

[16]"asidos de la palabra de vida, para que en el día de Cristo yo pueda gloriarme de que no he corrido en vano, ni en vano he trabajado. [17]Y aunque sea derramado en libación sobre el sacrificio y servicio de vuestra fe, me gozo y regocijo con todos vosotros.

Según el comentario bíblico Siglo XXI cuando el apóstol Pablo expresa: *"Y aunque sea derramado en libación sobre el sacrificio y servicio de vuestra fe, me gozo y regocijo con todos vosotros.* El pensamiento de la muerte como posible desenlace de su prisión vuelve a la mente del apóstol.

Su muerte sería una ofrenda a Dios, pero solo como una libación derramada sobre un sacrificio mucho más significativo: la fe de los filipenses, la calidad de su vida y el servicio producido por la fe, y concluye desafiándolos: *asimismo gozaos y regocijaos también vosotros conmigo."*

Las libaciones (acciones de derramar un líquido) eran comunes en el Antiguo Testamento. En cierto sacrificio narrado en 2 Reyes 16:13 se muestra al rey Acaz derramando sus libaciones y sacrificios de paz en el altar. Pablo emplea el lenguaje de las ofrendas judías y compara sus sufrimientos y posible martirio, a una libación ("derramado en libación"), que los filipenses hagan de sí mismos como un holocausto.

Timoteo y Epafrodito, Fil 2:19-30

2:19-24 *"Espero en el Señor Jesús enviaros pronto a Timoteo, para que yo también esté de buen ánimo al saber de vuestro estado; [20]pues a ninguno tengo del mismo ánimo, y que tan sinceramente se interese por vosotros. [21]Porque todos buscan lo suyo propio, no lo que es de Cristo Jesús. [22]Pero ya conocéis los méritos de él, que como hijo a padre ha servido conmigo en el evangelio. [23]Así que a éste espero enviaros, luego que yo vea cómo van mis asuntos; [24]y confío en el Señor que yo también iré pronto a vosotros."*

NOTA HISTÓRICA

El apóstol Pablo cita de nuevo al joven Timoteo en esta oportunidad para recordar que fue su acompañante en ese viaje misionero que llegó hasta Filipos, el segundo viaje en la vida de Pablo (Hechos 16). Timoteo, hijo de una mujer judía creyente y de padre griego se había convertido en Listra, tal vez en el primer viaje de Pablo acompañado de Bernabé. Su madre se llamaba Eunice y su abuela Loida (2 Ti 1:5). Pablo lo llama: *"verdadero hijo en la fe"* (1 Ti 1:2). Es mencionado con Pablo en seis cartas. La tradición dice que, siendo Obispo de Éfeso, fue martirizado con piedras y palos en el año 96.

Pablo desea enviar al joven Timoteo para que le dé razón de todo lo relacionado con los filipenses. Pablo anhela saber de ellos. Estando en prisión le era imposible visitarles por ahora, pero se conformaba con el simple hecho de enviar a su colaborador e hijo en la fe quien mostraba una encomiable actitud de ánimo y de sinceridad para estar con ellos en su iglesia.

El apóstol Pablo también hace mención a los filipenses de las destacadas características de Timoteo. Un joven que es empático con la iglesia, *"que tan sinceramente se interesa por vosotros"*. Un joven ministro que ama la obra, que no busca vanagloria, que no pretende ser alguien sino solamente enfocarse por quienes pertenecen a Cristo Jesús. ***Porque todos buscan lo suyo propio, no lo que es de Cristo Jesús.*** Una buena admonición para nuestro tiempo también.

Pero ya conocéis los méritos de él, que como hijo a padre ha servido conmigo en el evangelio. Así que a éste espero enviaros, luego que yo vea cómo van mis asuntos; y confío en el Señor que yo también iré pronto a vosotros."

PARA MEDITAR

Cuántos jóvenes podrían imitar el ejemplo de Timoteo. Y ciertamente que muchos lo han imitado dejando sus trabajos seculares, renunciando a carreras más prometedoras desde el punto de vista de la familia o del mundo, para lanzarse a vivir por fe comenzando iglesias o pastoreando obras en formación.

Qué la recomendación de Pablo les inspire: *"Ninguno tenga en poco tu juventud, sino sé ejemplo de los creyentes en palabra, conducta, amor, espíritu, fe y pureza".* (1 Ti 4:12). Qué, así como aparece seis veces Timoteo en las cartas de Pablo, así se mencione en muchas partes la vida de los jovenes que se dediquen a Cristo con todos sus talentos.

2:25-30 *"Mas tuve por necesario enviaros a Epafrodito, mi hermano y colaborador y compañero de milicia, vuestro mensajero, y ministrador de mis necesidades; ²⁶porque él tenía gran deseo de veros a todos vosotros, y gravemente se angustió porque habíais oído que había enfermado. ²⁷Pues en verdad estuvo enfermo, a punto de morir; pero Dios tuvo misericordia de él, y no solamente de él, sino también de mí, para que yo no tuviese tristeza sobre tristeza. ²⁸Así que le envío con mayor solicitud, para que al verle de nuevo, os gocéis, y yo esté con menos tristeza. ²⁹Recibidle, pues, en el Señor, con todo gozo, y tened en estima a los que son como él; ³⁰porque por la obra de Cristo estuvo próximo a la muerte, exponiendo su vida para suplir lo que faltaba en vuestro servicio por mí."*

Esta Carta la escribió el apóstol Pablo durante su primer encarcelamiento en Roma, entre los años 61-63, como se cree. Cuando los hermanos en Filipos se enteraron de que Pablo estaba prisionero en Roma, quisieron hacer algo por él. Decidieron enviar una ofrenda por medio de Epafrodito, que hace honor a su nombre, "agradable".

Esta ofrenda Pablo la califica en el Capítulo 4:18,19, con una expresión que se ha repetido a través de los siglos: *"olor fragante, sacrificio agradable a Dios"*.

Y desde luego con una bendición incomparable: *"Mi Dios, pues, suplirá todo lo que os falte conforme a sus riquezas en gloria en Cristo Jesús"*

Es muy posible que Epafrodito fuera un líder en la iglesia de Filipos. La iglesia renunció a él por mucho tiempo, dado lo largo de los viajes y el tiempo que se quedó al servicio de Pablo. Además de ser el portador de la ofrenda, Epafrodito se convirtió en **colaborador y compañero de milicia... y ministrador de mis necesidades.** No se sabe por cuantos meses y en qué circunstancias, dado que Pablo estaba prisionero, y aunque tenía ciertas facilidades, probablemente "disfrutando" en este tiempo lo que se menciona en Hechos 11:30: *"Pablo permaneció dos años enteros en una casa alquilada, y recibía a todos los que a él venían"*.

¿Quiénes pagaban el alquiler de la casa? Y ¿quiénes ayudaban a su manutención? Posiblemente Epafrodito fue uno de ellos, pues Pablo al final de este capítulo expresa: **porque por la obra de Cristo estuvo próximo a la muerte, exponiendo su vida para suplir lo que faltaba en vuestro servicio por mí."**. Debe de haber trabajado fuerte, al grado de enfermarse. Con todo, prefirió quedarse en Roma ayudando a Pablo.

Como se deduce en esta porción de la carta, Pablo envió a Epafrodito a su casa en Filipos de inmediato; y posteriormente les mandó al pastor Timoteo.

Así que le envío con mayor solicitud, para que al verle de nuevo, os gocéis, y yo esté con menos tristeza. Recibidle, pues, en el Señor, con todo gozo, y tened en estima a los que son como él.

Sin duda, Pablo muestra otra faceta de su grandeza, no solamente como teólogo, escritor, fundador de iglesias, sino un formador de equipos de trabajo, con los hombres fieles e idóneos, como Bernabé, Silas, Lucas y toda esa pléyade en la que destacan Timoteo y Epafrodito, que no era un predicador o maestro, a quien llama: *"hermano... colaborador... compañero...mensajero y ministrador de necesidades.*

 **PARA MEDITAR**

En el camino tristemente surgen las personas que un tiempo fueron buenos amigos y colaboradores de confianza, pero algo les afecta y dejan al líder que les dio cobertura espiritual y ministerial. Tal es el caso de Demas, un compañero de equipo que le falló al Apóstol y que aún negó a Jesucristo amando este mundo; quien había empezado bien, (Colosenses 4:14; Filemón 24), terminó mal, apartándose del propósito divino. Otro fue Alejandro el calderero, que causó muchos males a Pablo (2 Ti 4:10, 14). Nada debe desanimar a los pastores, ministros, maestros y líderes, siempre lo positivo debe sobrepasar lo negativo. Allí están Timoteo y Epafrodito.

EPÍSTOLA A LOS FILIPENSES

CAPÍTULO 3

Advertencia contra los judaizantes, Fil 3:1-3

3:1 *"Por lo demás, hermanos, gozaos en el Señor. A mí no me es molesto el escribiros las mismas cosas, y para vosotros es seguro".*

Pablo en el capítulo anterior mencionó algunas de las cualidades de Timoteo y Epafrodito. Timoteo, como se ha mencionado, era un siervo de Dios que desde temprana edad se involucró en el ministerio del apóstol Pablo y mostró un sincero interés por los creyentes de Filipos. Epafrodito, como se menciona en el capítulo 2 era un hermano colaborador y compañero de milicia (2:25) que había estado al borde de la muerte (2:27,30) y de quien Dios tuvo misericordia, y le sanó. Pablo estaba seguro que la noticia produciría un enorme gozo a los creyentes en Filipos. Y ahora les sigue enfatizando: ¡*gozaos en el Señor*! Es decir, muestren gozo en Cristo, siempre, ya sea en los tiempos tranquilos o cuando se levanten problemas o adversidades.

 **PARA MEDITAR**

"A mí no me es molesto el escribiros las mismas cosas, y para vosotros es seguro". Es una expresión paulina que los pastores pueden usar sin ninguna carga de conciencia, al ser insistentes y repetitivos en los asuntos que son básicos e importantes para sus miembros.

3:2 *"Guardaos de los perros, guardaos de los malos obreros, guardaos de los mutiladores del cuerpo". "esos mutiladores que les dicen que deben circuncidarse para ser salvos"* (Biblia Nueva Traducción Viviente, NTV).

Una advertencia contra los que tergiversaban la verdad y eran opositores a la sana doctrina (Hch 20:28-30) y querían imponer prácticas de la ley mosaica para añadirlas a la salvación; el apóstol Pablo los calificó enérgicamente como: **perros, malos obreros mutiladores del cuerpo**. "Perros", tiene algunos sinónimos: abominables, individuos sucios, pervertidos (Ap 22:15 RVC).

"Los judíos usaban ese calificativo para referirse a los gentiles. Sin embargo, Pablo se refiere aquí a los judíos y de forma específica a los judaizantes, con el fin de describir su carácter pecaminoso, vicioso y descontrolado" (Biblia MacArthur pg.1677).

Mutiladores del cuerpo, una alusión a la circuncisión del AT, que los judaizantes querían practicar a los cristianos gentiles, como necesaria para la salvación. En Romanos 2:29 Pablo enfatiza que la verdadera circuncisión *"es la del corazón, en espíritu, no en letra"*. La cual, los verdaderos creyentes experimentan cuando son borrados de su vida el pecado y la maldad. (Biblia Vida Plena pg. 1703).

3:3 *"Porque nosotros somos la circuncisión, los que en espíritu servimos a Dios y nos gloriamos en Cristo Jesús, no teniendo confianza en la carne"*.

Pablo afirma que la verdadera circuncisión es la que se realiza en el corazón por obra del Espíritu Santo (Ro 2:29), esto sucede en toda persona cuando viene arrepentido y le son borrados los pecados (Col 2:11). Recibiendo el sello de la justificación por la fe (Ro 4:11), por el cual el Espíritu Santo pone un sello de pertenencia (2 Ti 2:19). Bajo el nuevo pacto es la fe la que importa, no las obras externas (Gal 5:6; 6:15; Ro 1:17).

No hay nada que se le pueda añadir, o algo que se pueda hacer para obtener la salvación, la salvación viene solo por medio de la fe en Cristo Jesús (Ef 2:8). Jesucristo es quien justifica solo por la fe a los de la circuncisión, como a los de la incircuncisión (Ro 3:30).

Una enseñanza que esparcían constantemente los judíos —convertidos al cristianismo— y que querían imponer en los gentiles que aceptaban el evangelio, consistía en que la circuncisión era necesaria para la salvación. El Concilio en Jerusalén desde el año 50 d.C. ya había legislado en contra de esa práctica (Hch 15:19-21), sin embargo, los judaizantes en otras tierras, como en Galacia, Macedonia y Acaya, seguían ignorando ese acuerdo.

No percibían que los líderes religiosos y el pueblo de Israel habían perdido la esencia espiritual de la circuncisión y la tomaban como una base para su justificación (Ro 9:6-7; 1Co 7:19).

 **Para meditar**

tal como en los tiempos del Apóstol Pablo, hoy también hay personas que se resisten a la idea de la salvación como un don gratuito; les cuesta creer que la obra de Cristo en la cruz del calvario es suficiente para nuestra redención. Algunos quieren añadir ritos, ceremonias, actividades religiosas, buenas obras humanas, en lugar de establecer una relación con Jesucristo. Realizar estas prácticas es como sembrar para la carne (Gálatas 6:8).

El ejemplo de Pablo, Fil 3:4-14

3:4-6 *"Aunque yo tengo también de qué confiar en la carne. Si alguno piensa que tiene de qué confiar en la carne, yo más: ⁵circuncidado al octavo día, del linaje de Israel, de la tribu de Benjamín, hebreo de hebreos; ⁶en cuanto a la ley, fariseo, en cuanto a celo, perseguidor de la iglesia; en cuanto a la justicia que es en la ley, irreprensible"*.

El apóstol pensaba antes de venir a Cristo, que todo lo que hacía dentro del judaísmo, era correcto, ya que siempre había sido obediente y estricto guardando la ley mosaica. Consideraba que todo lo que hacía eran bueno (Hechos 22:3)

Pablo testifica de la vida sin Cristo, usando su genealogía y sus convicciones.

- ⊕ *del linaje de Israel,*
- ⊕ *de la tribu de Benjamín,* la del Rey Saúl, presumiendo de su estirpe.
- ⊕ *circuncidado al octavo día,*
- ⊕ *hebreo de hebreos,*
- ⊕ *en cuanto a la ley, fariseo,* el grupo más riguroso (Hch 26:5),
- ⊕ *En cuanto a celo, perseguidor de la iglesia,*
- ⊕ *en cuanto a la justicia que es en la ley, irreprensible.*

Pudiera agregarse que se le concedieron honores y privilegios por perseguir a la iglesia de Cristo —los del camino— (Hechos 9:1-2; 22:4; 23:6; 26:9-12).

En el tiempo de Dios, Pablo tuvo un encuentro personal con Jesús tal y como lo debe hacer toda persona: arrepentirse, reconociendo que como pecador necesita de un Salvador (Hch 9:1-18).

3:7,8 *"Pero cuantas cosas eran para mí ganancia, las he estimado como pérdida por amor de Cristo. ⁸Y ciertamente, aun estimo todas las cosas como pérdida por la excelencia del conocimiento de Cristo Jesús, mi Señor, por amor del cual lo he perdido todo, y lo tengo por basura, para ganar a Cristo".*

Habían pasado ya cerca de treinta años desde que Pablo tuvo su trascendental encuentro con el Señor Jesucristo, lo cual se narra en Hechos capítulo 9. Esa experiencia la contó por seguro muchas veces, en cada lugar a donde llegaba. El libro de los Hechos registra dos, en Hechos 22:6-21 y en Hechos 26:9-19.

Pablo no lamenta haber perdido las *cosas* que *eran para él ganancia,* sino las tenía como una *pérdida por amor de Cristo,* porque su pasión y entrega era tener un perfecto conocimiento del Señor y servirle denodadamente (1Co 3:11, Sal 118:22, 1P 2:7).

Al decir Pablo que había dejado las cosas pasadas, no se percibe en sus palabras un sentir de lamento o añoranza, sino que *"por amor"* lo había *"perdido todo",* y nada de ese pasado tenía valor. Nada de lo que pudo haber dejado es comparado con lo que obtuvo al *"ganar a Cristo".* Qué importante declaración, que todos los creyentes debiésemos repetir y entender que en Cristo "se obtienen ganancias en las pérdidas" (Lc 18:29-30; Hech 14:22).

 **Para meditar**

Algunos creyentes no disfrutan el gozo pleno de Cristo porque siguen pensando en lo que dejaron atrás: negocios, profesiones, amigos, viajes, carrera, familia, placeres temporales. Unos con todo y un llamado especial, siguen añorando lo que dejaron. Pablo en cambio afirma: lo que era ganancia, lo *"estimo como perdida"* (v.7), todo lo perdido, *"lo tengo por basura",* para ganar a Cristo (v.8b).

3:9 *"y ser hallado en él, no teniendo mi propia justicia, que es por la ley, sino la que es por la fe de Cristo, la justicia que es de Dios por la fe";*

NOTA DOCTRINAL

Ser hallado en Él, Cristo era el anhelo constante de Pablo; corresponder a quien lo eligió, recibir la *justicia que es de Dios por la fe*. La importante doctrina que encontró Martín Lutero y que inició la trascendental Reforma Religiosa, que cambió el mundo para bien. Aquí Pablo la está ejemplificando y enseñando a los amados filipenses. Una enseñanza que compartió con todos los gentiles convertidos (Ro 3: 21-26; 1Co 1:30). Al comprender Pablo que fue justificado por su fe en Cristo, fue una señal perfecta de que el Espíritu Santo estaba obrando en él. Así ocurre con cada creyente (Gálatas 3:6-11).

3:10 *"a fin de conocerle, y el poder de su resurrección, y la participación de sus padecimientos, llegando a ser semejante a él en su muerte",*

Conocer a Cristo personalmente demanda: atender la Palabra de Dios, obedecer a su Espíritu, caminar en Fe, entregarse con sinceridad, estar en sujeción a Él y proclamar los intereses y propósitos de Cristo. Y a eso añadir la *participación de sus padecimientos*. Estos son el producto positivo de la nueva vida en Cristo (Ef 2:6; Col 2:12-13).

"ser semejante a Él en su muerte", tiene un significado espiritual, es llevar la vida del Cristo resucitado en el corazón. Gálatas 2:20 es un texto muy repetido, que se debe vivir conscientemente: "Con Cristo estoy juntamente crucificado, y ya no vivo yo, mas vive Cristo en mí; y lo que ahora vivo en la carne, lo vivo en la fe del Hijo de Dios...". Otros textos paulinos lo repiten: Romanos 5:9-11; 8:10,11; Colosenses 3:1-3.

3:11 *"si en alguna manera llegase a la resurrección de entre los muertos".*

Pablo deseaba llegar a tener parte en la culminación de su carrera, en uno de los eventos futuros para lo cual se entregó fielmente a su Señor, *la resurrección de entre los muertos*. Estaba hablando de la resurrección de los creyentes, cuando Cristo venga por su iglesia.

3:12 *"No que lo haya alcanzado ya, ni que ya sea perfecto; (ni que ya haya alcanzado la perfección, Biblia NTV) sino que prosigo, por ver si logro asir aquello para lo cual fui también asido por Cristo Jesús".*

En Pablo no hay jactancia de que, por su trayectoria, su trabajo en el ministerio, o por llevar el evangelio a tierras distantes le haga merecedor del galardón que Cristo otorgará a sus fieles. No piensa que haya alcanzado la perfección, considera que apenas ha cumplido con lo que debía haber hecho, como Cristo lo enseñó muy claramente (Lc 17:10); sin embargo, sigue avanzando para lograr la realización del propósito del Hijo de Dios en su vida.

"prosigo", "en griego se usaba para referirse a un corredor de velocidad y tiene que ver con acciones enérgicas, decisivas y agresivas. Pablo perseguía la santificación esforzando todos sus músculos espirituales para ganar el primer premio" (1 Co 9:24-27; 1 Ti 6:12; Heb 12:1) [Biblia MacArthur pg. 1677].

3:13,14 *"Hermanos, yo mismo no pretendo haberlo ya alcanzado; pero una cosa hago: olvidando ciertamente lo que queda atrás, y extendiéndome a lo que está delante, ¹⁴prosigo a la meta, al premio del supremo llamamiento de Dios en Cristo Jesús".* "No, amados hermanos, no lo he logrado, pero me concentro únicamente en *esto: olvido el pasado y fijo la mirada en lo que tengo por delante, y así avanzo hasta llegar al final de la carrera para recibir el premio celestial al cual Dios nos llama por medio de Cristo Jesús"* (Biblia NTV).

Una cosa hago: no había un término medio en las acciones del apóstol Pablo. Aquí se expresa una triple acción:

> ➢ ***olvidando…lo que queda atrás*** lo cual es necesario para vivir con eficacia esta vida cristiana; se debe olvidar el pasado y fijar los ojos en Cristo. El creyente titubeará si aparta la mirada de Él, si se mira así mismo, o contempla situaciones que le distraigan.

> ➢ ***extendiéndome a lo que esta adelante.*** lo cual implica: trabajo arduo, consagración, oración (Col 1:3; Fil 1:4), desvelos. De ninguna manera es una carrera en vano. Guía un interés espiritual (Fil 3:14).

> ➢ ***prosigo a la meta, al premio del supremo llamamiento de Dios en Cristo Jesús".***

Pablo es un ejemplo de lo que hace una persona que se ha rendido a Cristo, su finalidad es llegar hasta el final de la carrera (2Ti 4:7), seguir el camino que Cristo abrió (1P 2:21), despojándose de las antiguas prácticas. Requiere poner a un lado todo lo que ponga en peligro la relación con Dios, como vanas amistades, deseos de la carne, enemistades, pleitos, raíces de amargura, desobediencia etc. (1Co 9:25-27).

Avanzar hacia la meta, Fil 3:15-21

3:15,16 *"Así que, todos los que somos perfectos, esto mismo sintamos; y si otra cosa sentís, esto también os lo revelará Dios. ¹⁶Pero en aquello a que hemos llegado, sigamos una misma regla, sintamos una misma cosa".* *"Que todos los que son espiritualmente maduros estén de acuerdo en estas cosas. Si ustedes difieren en algún punto, estoy seguro de que Dios se lo hará entender; pero debemos aferrarnos al avance que ya hemos logrado"* (Biblia NTV)

Pablo habla de aquellos que disciernen en su espíritu, y hacen por la gracia de Dios las cosas que son correctas y agradables a Dios, y caminan en armonía con su Palabra. El escritor a los hebreos (5:12-14) señala a los creyentes que todavía "tienen necesidad de leche" y no aceptan "el alimento sólido", llamándolos niños espirituales. *"el alimento sólido es para los que han alcanzado madurez, para los que por el uso tienen los sentidos ejercitados el discernimiento del bien y del mal"*

El Apóstol sabía que para él y para todos los creyentes de todo tiempo, serían los mismos requisitos en cuanto al andar y proseguir en la vida cristiana:

⊕ ***seguir una misma regla***

⊕ ***sentir una misma cosa.***

⊕ Expresar la vida cristiana en acciones (Fil 2:5).

⊕ Poner la mirada en Cristo (Col 3:2,3).

⊕ Evitar cualquier cosa, sólo por experimentar, que puede llevar a un desvío en la relación con Cristo (1Ti 6:20,21).

3:17 ***"Hermanos, sed imitadores de mí, y mirad a los que así se conducen según el ejemplo que tenéis en nosotros"***. *"amados hermanos, tomen mi vida como modelo y aprendan de los que siguen nuestro ejemplo"* (Biblia NTV)

En otra carta, Pablo agregaba, ser imitadores de mí, como yo soy de Cristo.

Pablo ahora invita a imitar a otros creyentes de su tiempo y posiblemente del pasado, entre los héroes israelitas, como Moisés citado en el destacado grupo de los héroes de la fe. (Heb 11:24-26) y muchos otros más.

Estos lineamientos son seguidos por creyentes fieles de nuestros días:

- Servir a los demás en tiempos de sufrimiento (1Ts 1:6).
- Predicar sobre la misericordia divina que cambia a los más terribles pecadores (1Ti 1:16).
- Actuando con humildad, honestidad y seriedad (Fil 2:3).

3:18 ***"Porque por ahí andan muchos, de los cuales os dije muchas veces, y aun ahora lo digo llorando, que son enemigos de la cruz de Cristo"***; *"Pues ya les dije varias veces y ahora se los repito de nuevo con lágrimas en los ojos: hay muchos cuya conducta demuestra que son verdaderos enemigos de la cruz de Cristo"* (Biblia NTV)

Pablo había advertido muchas veces a los creyentes sobre los *"lobos rapaces"* que se levantarían *"de vosotros mismos"* hablando *"cosas perversas para arrastrar tras sí a los discípulos"* (Hch 20:29-30; 1Ti 1:3-4).

Pablo no se refiere a judíos, o gentiles no convertidos, sino aquellos que se habían iniciado en la gracia de Dios, pero hubo algo que los desvió y perdieron su enfoque en Cristo. (Gá 3:3-4; 1Ti 6:20-21; 1Ti 4:1-2; 2Ti 4:3-4).

A esos, que un día se iniciaron "en la senda antigua" y probaron de la gracia de Dios, ahora Pablo, llorando, los ve como **enemigos de la cruz**.

3:19 *"el fin de los cuales será perdición, cuyo dios es el vientre, y cuya gloria es su vergüenza; que sólo piensan en lo terrenal"*. *"Van camino a la destrucción. Su dios es su propio apetito, se jactan de cosas vergonzosas y solo piensan en esta vida terrenal"* (Biblia NTV)

Para los que no permanecieron en su llamado, para los que creen ahora ser maestros sin serlo, las Escrituras muestran ejemplos de los que serán castigados: los falsos profetas del Antiguo Testamento, (antecedentes de los falsos maestros de hoy), los ángeles que pecaron, las gente a las que Noe les predicó, los habitantes de las ciudades de Sodoma y Gomorra (2P 2:1-6); para todos ellos la **perdición** será eterna (Mt 7:22-23; Fil 1:28).

3:20 *"Mas nuestra ciudadanía está en los cielos, de donde también esperamos al Salvador, al Señor Jesucristo"*;

"nuestra ciudadanía": Se observa el notable contraste entre la recompensa para los fieles y el lugar al que son destinados los enemigos de la cruz.

Pablo menciona el sentido de pertenencia que se experimenta al ser parte de la familia celestial (Ef 2:19), animando a los creyentes a mantenerse en las promesas eternas, sabiendo que la morada aquí en la tierra es temporal (Juan 14:2,3). El mismo rechazó siempre enérgicamente las cosas temporales de este mundo, recalcando *"no os conforméis a este siglo"* (Ro 12:2).

 **PARA MEDITAR**

Es grande la lista de los "héroes de la fe", de los que creyeron que había un lugar celestial mucho mejor: Abel, Enoc, Noe, Abraham. Isaac, Jacob, Moisés y otros, mencionados en Hebreos capítulo 11. De tal manera que el creyente no debe sentir que pertenece a esta tierra, como todos aquellos fieles que fueron antes, seguros que *nuestra ciudadanía está en los cielos*).

"los cielos, de donde también esperamos al Salvador" Si nuestra morada está en los cielos, conviene con paciencia aguardar la venida de nuestro Salvador (1Ts 1:10) o ser llevados por Él anticipadamente, en el sabio tiempo de Dios. En la ascensión de Cristo, los ángeles dijeron a los discípulos: *"ese mismo Jesús, que ha sido tomado de vosotros al cielo, así vendrá como le habéis visto ir al cielo"* (Hechos 1:11).

3:21 *"el cual transformará el cuerpo de la humillación nuestra, para que sea semejante al cuerpo de la gloria suya, por el poder con el cual puede también sujetar a sí mismo todas las cosas"*. *"Él tomará nuestro débil cuerpo mortal y lo transformará en un cuerpo glorioso, igual al de Él. Lo hará valiéndose del mismo poder con el que pondrá todas las cosas bajo su dominio"* (Biblia NTV)

- *transformará el cuerpo*

En el futuro venidero el propósito de Cristo hacia los redimidos será una realidad, al ser conformados a su imagen (Ro 8:29; 2Co 3:18; 1Jn 3:2). Hoy se experimenta un gemir interior del espíritu, anhelando ser revestidos de lo celestial (2Co 5:2). Esta manifestación tendrá su momento en el arrebatamiento glorioso de todos los que permanezcan en Cristo.

- *para que sea semejante*

Pablo menciona que es necesaria la regeneración en el espíritu (Jn 3:3), el cuerpo glorificado es esencial para entrar a la morada de Dios (1Co 15:50,53). Es una revelación gloriosa para todos los santos, poder contemplar a nuestro amado Señor Jesucristo (2Ts 1:10).

- *el poder con el cual...sujeta...todas las cosas*

Pablo comparte su experiencia porque fue testigo del poder de Dios en la evangelización (Ro 1:16; 1Co 2:4) y está seguro de que ese poder de Dios que se manifiesta en la transformación de las personas, es el mismo poder con el que creó todas las cosas, el mismo poder que hace que el universo siga existiendo (Heb 1:3), el mismo poder que resucitó a Cristo de entre los muertos (Ef 1:19-20). MARAVILLOSO.

EPÍSTOLA A LOS FILIPENSES

CAPÍTULO 4

Gozo, unidad y paz en toda circunstancia, Fil 4:1-9

Filipenses es una carta escrita desde la cárcel en Roma, entre los años 62- 63 d. C. El apóstol Pablo expresa un profundo amor por la iglesia de Filipos, y en este capítulo cuatro ratifica su especial gratitud.

Los filipenses le enviaron de nuevo una ofrenda. El apóstol expresa un grande regocijo por la actitud demostrada y al agradecer las ofrendas las compara con un sacrificio de olor fragante aceptado por Dios. (4:10-20).

Esta carta, también es una invitación a mantener la unidad de la Iglesia.

Aun estando en la cárcel y en una situación angustiosa, Pablo envía esta carta para animar los corazones de sus amigos y hermanos filipenses, manifestando un gozo que nada, ni nadie le puede quitar.

4:1 *"Así que, hermanos míos amados y deseados, gozo y corona mía, estad así firmes en el Señor, amados."*

Había pasado más de una década de cuando Pablo, Lucas y Silas llegaron a Filipos con el evangelio. Ni el tiempo ni la distancia los separó, al contrario, el lazo de hermandad se había fortalecido a tal grado que Pablo los llama *"hermanos míos...y deseados"*.

El sentir de Pablo hacia los hermanos era tan grande y notorio que menciona seis expresiones de afecto en este versículo. Era profundo el amor del Apóstol hacia aquellos que recibieron el mensaje de Cristo, desde la primera vez que les fue anunciada la Palabra, que podía abrirles su corazón y revelar sus sentimientos:

- ⊕ Hermanos míos
- ⊕ Amados
- ⊕ Deseados
- ⊕ Mi gozo
- ⊕ Mi corona
- ⊕ Amados

Pablo considera a los hermanos como parte de su galardón: *"gozo y corona"*, como premio por todo el trabajo realizado, por él y su dedicado equipo (Fil 2:16) ..."*y la corona que recibo por mi trabajo"* (Biblia NTV)

Corona; *era una guirnalda tejida que se concedía al atleta vencedor, significaba triunfo.* [comentario bíblico Moody, pg. 378].

Toda su entrega, sacrificio y dedicación a la salvación de las almas se vio recompensado, al ver que el fruto seguía dándose abundante en Filipos. Era un premio de gran estima: *"gozo y corona mía"*, ya que él había sido el instrumento para traerlos a Jesucristo.

 **PARA MEDITAR**

> Muchos pastores acostumbran a usar esta expresión para referirse a los creyentes que se convirtieron bajo su ministerio y también para aquellos en quienes se invirtió tiempo y educación cristiana. Pablo lo hizo, y los líderes cristianos pueden hacerlo sin rubor.

4:2 *"Ruego a Evodia y a Síntique, que sean de un mismo sentir en el Señor"*

Recuérdese que la iglesia establecida en la ciudad de Filipos, en el norte de la hoy Grecia, (llamada Macedonia en la Biblia. La parte sur la llamaban Acaya, en donde se encuentra Atenas) fue la primera iglesia cristiana establecida en Europa.

Los filipenses constituyeron la congregación con menos problemas de todas las que son mencionadas en el Nuevo Testamento.

En esta epístola están ausentes las exhortaciones sobre cuestiones doctrinales, advertencias contra los falsos ministros o problemas extremos de mala conducta como en el caso de Corinto. Al parecer, sólo hay un pequeño detalle que Pablo quiere que se corrija: un desacuerdo entre dos hermanas, Evodia y Síntique.

Cualesquiera que hubiera sido el asunto que las llevó a un distanciamiento, no podía quedarse sin atender, debía enmendarse con prontitud para que la unidad de la iglesia no se afectara. (Ef 4:3).

En el cuerpo de Cristo, cada creyente debe manifestar el mismo sentir. No es posible alcanzar importantes objetivos cuando existen desacuerdos o desavenencias que impidan cumplir con la trascendental comisión que Cristo le señaló a la iglesia. (Marcos 16:15,16).

> El clamor profundo del Señor Jesús, al despedirse de sus discípulos aquella terrible noche de agonía antes de ir a la cruz, incluyó primariamente la unidad. *"Para que todos sean uno, como tú, oh Padre, en mí, y yo en ti, que también ellos sean uno en nosotros para que el mundo crea que tú me enviaste".* (Juan 17:20,21).

> **PARA MEDITAR**
>
> Con mucha frecuencia surgen desacuerdos entre líderes de la iglesia local, en ocasiones envolviendo al pastor. Esas desavenencias deben arreglarse pronto, para que no se extiendan a otros creyentes o familias. En el caso de las hermanas Evodia y Síntique, que habían llegado a no ser *"de un mismo sentir"*, al grado de tener que comunicárselo a Pablo y éste tener que pedir ayuda de su *compañero fiel*.

Como Apóstol que era y echando mano de su autoridad espiritual, las conminó a superar su pequeño problema. Esto resalta la importancia de las denominaciones, en donde hay líderes con autoridad sobre las iglesias, que pueden ayudar, cuando se dan situaciones que amenazan la vida de las congregaciones.

4:3 *"Asimismo te ruego también a ti, compañero fiel, que ayudes a éstas que combatieron juntamente conmigo en el evangelio, con Clemente también y los demás colaboradores míos, cuyos nombres están en el libro de la vida."*

"compañero fiel", un personaje del que no se da nombre. En griego aparece como "Sizigo", un nombre propio que significa colaborador y también compañero de yugo. Qué el original dice literalmente: *"Y a ti también, verdadero Súdsuge, te ruego"* y que Pablo hace honor al nombre, al llamarle *"verdadero"*.

Quienquiera que haya sido este distinguido *"colaborador"*, debió haber sido uno de los ancianos de la iglesia, un creyente sobresaliente en su madurez y en la manera de tratar a las personas. Seguramente por sus capacidades desarrolladas en la vida cristiana había ganado respeto en la congregación. Pablo en esta carta lo escoge para que ayude a solucionar el problema presente entre estas dos mujeres.

El Apóstol nunca mostró discriminación en el trato a la mujer, como era el caso de los judíos. Al contrario, él encontró muy pronto en sus viajes que eran un instrumento muy útil en la Obra del Señor. El Apóstol las reconoce por su labor (4:3). Lucas en Hechos 17:4, menciona a las mujeres de Macedonia diciendo *"... y mujeres nobles, no pocas"*. Lidia que fue la primera mujer convertida en Filipos, mostró preocupación por el bienestar de Pablo desde el principio (Hch 16:15,40).

Posteriormente, las mujeres creyentes de Filipos mostrarían la misma preocupación por otras iglesias: *"combatieron juntamente conmigo en el evangelio"*. Fueron parte de la lucha ardua que implica el inicio de una nueva Obra para la proclamación del evangelio.

Permanentemente se necesitan *colaboradores* en la obra de Dios. Los que contribuyen con trabajo físico, los que aportan recursos, los que invierten tiempo y los que aún están dispuestos a entregar sus propias vidas. Muchos son anónimos aquí, pero sus *"nombres están en el libro de la vida"*.

4:4 *"Regocijaos en el Señor siempre. Otra vez digo: ¡Regocijaos!"*

En la vida cristiana los creyentes también enfrentan los mismos sinsabores que los no creyentes, sin embargo, los hijos de Dios tienen suficientes recursos espirituales para mantener el gozo. Éste se encuentra entre los componentes del fruto del Espíritu en Gálatas 5:22,23: *gozo*, en griego *jara*, el cual comienza con nuestra salvación, y sigue presente en medio de pruebas, presiones y sufrimientos (Ro

5:2,3). Se alimenta con el amor, con cánticos de alabanza y con una actitud continua de acción de gracias.

La segunda Carta a los Corintios cap. 6:10, presenta una perspectiva triunfal, que los cristianos tratan de escenificar cada día: *"como entristecidos, pero siempre gozosos; como pobres, mas enriqueciendo a muchos; como no teniendo nada, pero poseyéndolo todo"*.

El gozo depositado en el creyente ayuda a enfrentar las adversidades. Pudiera ser que las circunstancias por las que esté pasando el creyente sean demasiado difíciles y que, mostrar gozo en medio de tal situación sería algo absurdo. Sin embargo, Pablo, que estaba en condiciones deplorables, prisionero, encadenado muchas veces, en mazmorras mal olientes de las tenebrosas cárceles romanas, exclamaba: **"Regocijaos en el Señor siempre. Otra vez digo: ¡Regocijaos!** *"…porque el gozo del Señor es vuestra fuerza"* (Nehemías 8:10b).

4:5 *"Vuestra gentileza sea conocida de todos los hombres. El Señor está cerca."* (Que todo el mundo vea que son considerados en todo lo que hacen. Recuerden que el Señor vuelve pronto) [Biblia NTV]. Por el buen comportamiento de los creyentes, la sociedad debe identificar al pueblo de Dios (1Ts 4:12).

El cristianismo cuenta con un manual de conducta único que contiene normas de moral, más que excelentes. Por practicarlas diariamente, nuestra familia, los creyentes de la iglesia y el mundo debería conocernos (Mt 5:16). *"Vuestra gentileza sea conocida"*.

 PARA MEDITAR

Los pastores sienten cada día, por seguro, el compromiso con la sociedad, formando creyentes con sólidos principios morales bíblicos, tales como la integridad, el respeto, la honradez, la fidelidad, etc. entre los muchos que las amplias listas bíblicas ofrecen.

4:6 *"Por nada estéis afanosos, sino sean conocidas vuestras peticiones delante de Dios en toda oración y ruego, con acción de gracias."*

Las necesidades de la vida no serán la preocupación primordial en el creyente. La confianza de que Dios proveerá lo que haga falta para sus hijos es parte de las convicciones diarias: *"no os afanéis por vuestra vida"* (Lc 12:22-31)

Los cristianos también pueden pasar por tiempos de necesidad, por lo que la exhortación de Pablo a los filipenses es aplicable a los creyentes de todos los tiempos, a fin de que presenten a Dios en oración sus necesidades personales (1P 5:7), seguros de la respuesta divina.

Las peticiones son presentadas, exhibidas, mostradas, ante el Padre. Habrá momentos en los que se pueda hacer partícipes a otros creyentes de esas necesidades; pero antes de hacerlo, es más conveniente presentarlas primero a Aquel que es dueño y Señor de nuestras vidas, como dueño también de "la Obra" en la cual servimos (Lc 12:25,26).

4:7 *"Y la paz de Dios, que sobrepasa todo entendimiento, guardará vuestros corazones y vuestros pensamientos en Cristo Jesús."*

Una paz inigualable es la paz de Dios, la cual va más allá de todo razonamiento y comprensión. La mente humana, debe aprender a disfrutar lo que puede hacer la paz de Dios en cada persona que se ha rendido a Él.

El creyente siente confianza que será protegido de toda dificultad, porque Cristo es fiel a sus promesas (1Ts 3:3).

Si el creyente con sinceridad lleva delante de Dios sus afanes, ansiedades y peticiones, la presencia del Espíritu Santo no permitirá que pensamiento alguno ajeno a la voluntad de Dios, penetre en la mente y el corazón. El Salmo 34:19 establece: *"Muchas son las aflicciones del justo, pero de todas ellas le librará Jehová"*.

4:8,9 *"Por lo demás, hermanos, todo lo que es verdadero, todo lo honesto, todo lo justo, todo lo puro, todo lo amable, todo lo que es de buen nombre; si hay virtud alguna, si algo digno de alabanza, en esto pensad. ⁹Lo que aprendisteis y recibisteis y oísteis y visteis en mí, esto haced; y el Dios de paz estará con vosotros."*

Éste es el secreto revelado para obtener la paz, PENSAR:

- en todo lo que es verdadero,
- en todo lo que merece respeto,
- en todo lo que es justo y bueno,
- en todo lo que se reconoce como una virtud,
- en todo lo que es agradable y merece ser alabado,

Al hacer esto vendrá un personal consuelo de parte del Señor para el creyente. Aún en el grupo más pequeño estará presente (Mt 18:20); dondequiera que estén los hijos de Dios haciendo su voluntad, Él se mostrará (Mt 28:20).

Para poder experimentar la paz de Dios, es necesario que el corazón y la mente de los creyentes, estén inundadas de todo lo que pueda contribuir a la paz: *lo verdadero, lo honesto, lo justo, lo amable...* (vs. 8), en estas cosas, la mente debe estar ocupada.

Si se hace todo lo que manda la Palabra de Dios, hay gran *recompensa*.

El apóstol Pablo, que durante su vida había sentido la paz incomparable de Dios, dice que al obtener *la paz de Dios,* **"el Dios de paz estará con vosotros"** (v. 9).

Dádivas de los filipenses 4:10-20

4:10 *"En gran manera me gocé en el Señor de que ya al fin habéis revivido vuestro cuidado de mí; de lo cual también estabais solícitos, pero os faltaba la oportunidad".*

Al parecer, los hermanos en Filipos, por un tiempo habían suspendido las ayudas económicas al Apóstol. Solo cuando se enteraron de las cosas que le habían sucedido y le estaban sucediendo retomaron la iniciativa de enviarle "una buena ofrenda". Se percataron los filipenses que era una oportunidad para disculparse por su falta de cuidado hacia este querido plantador que había contribuido tanto a su conocimiento de la verdad.

Hoy en día, siguiendo el ejemplo de los filipenses, mucho bien se haría apoyando a pastores de edad avanzada e inclusive con limitaciones físicas, que no tienen la fuente de sostenimiento que tuvieron en algún tiempo. Y muchas veces carentes de familiares solventes que les auxilien sistemáticamente. Sería muy sabio diseñar algún plan local que contribuya a resolver las necesidades de esos ministros (Mt 25: 31-46; Lc 14: 12-14; Hch 4:34a; 28:10).

La Palabra de Dios nos manda:

- ✓ Orar por los ministros para que puedan predicar la Palabra (2Ts 3:1);
- ✓ Reconocer a los que trabajan, presiden y amonestan (1Ts 5:12);
- ✓ Tratar con respeto y amor a los que trabajan en la Obra (1Ts 5:13).

¡Sí, hay gozo en un presente que se da o se envía! Este gozo no consiste tanto en la dádiva misma, sino en el hecho de que se está recordando a algún siervo que se acuerda de los donantes e intercede por ellos.

Tal fue el caso en la vida de Pablo, dadas las condiciones en que se encontraba, la actitud de los hermanos le causó una alegría incomparable.

Este es un gozo que podríamos producir a otros, mucho más a menudo de lo que lo hacemos: *"os faltaba la oportunidad"*.

4:11 *"No lo digo porque tenga escasez, pues he aprendido a contentarme, cualquiera que sea mi situación. Sé vivir humildemente, y sé tener abundancia; en todo y por todo estoy enseñado, así para estar saciado como para tener hambre, así para tener abundancia como para padecer necesidad."*

El apóstol Pablo no permitió que la ansiedad que pudiera generarse por la necesidad de las cosas materiales lo afectara. Él había pasado momentos en los cuales tenía mucho y ocasiones en las que tenía poco. El apóstol comparte su experiencia, delineando por lo menos seis actitudes (que presenta como antónimos) que debe mostrar el obrero cristiano ante la abundancia y ante las necesidades.

De los filipenses había recibido por mucho tiempo bendiciones y no quería que se sintieran incómodos (4: 15-17). A algunas congregaciones menos cooperadoras, indirectamente les mencionó que él se esforzaba por suplir para suplir sus propias necesidades, mientras se entregaba a la obra encomendada.

(2Cor 11:27).

El Apóstol sabía adaptarse a las situaciones que se presentaban en la vida (1Co 4:11-13), pues lo guiaba una bandera: *"con Cristo estoy juntamente crucificado y ya no vivo yo, más vive Cristo en mí"* (Gá 3:20), por lo que no le importaba pagar cualquier precio.

Para algunos que pasan por momentos de necesidad, ya sean predicadores o creyentes, y eso los lleva a la preocupación, ansiedad o desesperación, Pablo le pudiera aconsejar: *"teniendo sustento y abrigo, estemos contentos con esto"*. (1Ti 6:8). Cristo se refirió a la vida, como algo más importante que las posesiones: *"la vida del hombre no consiste en la abundancia de los bienes que posee"*. (Lc 12:15).

La declaración de confianza, del profeta Habacuc, siempre inspirará: *"Aunque la higuera no florezca, ni en las vides haya frutos, aunque falte el producto del olivo…los labrados no den mantenimiento…las ovejas sean quitadas de la majada…no haya vacas en los corrales; con todo, yo me alegraré en Jehová, Y me gozaré en el Dios de mi salvación.* Hab 3:17,18

> **4: 13 *"Todo lo puedo en Cristo que me fortalece."*** Es uno de los textos más citados por los cristianos, proclamándolo como un escudo espiritual. El testimonio de miles, a través de las edades, contando hermosas experiencias, confirma su realidad.

En el Antiguo Testamento, los líderes que se destacaron y han sido un ejemplo para todas las generaciones, encontraron fortaleza en Dios para su vida. Isaías describió esa realidad, en una forma maravillosamente poética: *"... pero los que esperan en Jehová tendrán nuevas fuerzas; levantarán alas como las águilas; correrán, y no se cansarán; caminarán, y no se fatigarán".* (Is 40:31).

Se podría decir que este era el lema y el tema del apóstol Pablo. Al recibir a Cristo, no se reciben habilidades supra humanas, pero cuando el creyente enfrenta los problemas y dificultades en la vida, puede clamar a Dios en esa confianza. (Salmos 91:14,15).

 PARA MEDITAR

> En el griego, la frase "todo lo puedo", quiere decir: "tengo fuerzas para todas las cosas", es decir no solamente para estar en pobreza, sino para tener abundancia. (Comentario Exegético y Explicativo de la Biblia, Pág 503). Es común en la experiencia cristiana, que cuando estamos en necesidad de recursos o de salud, buscamos a Dios con toda intensidad, humillándonos y siendo fieles miembros de la iglesia. Debiera ocurrir igual cuando experimentamos abundancia o prosperidad y adorar a Dios con la misma intensidad. *"Todo lo puedo en Cristo",* incluye ambos extremos, según el Comentario Exegético.

4:14 *"Sin embargo, bien hicisteis en participar conmigo en mi tribulación."*

 PARA MEDITAR

> Pablo pasa inmediatamente, después de decir que "todo lo puede en Cristo", a darle gracias a los hermanos. Es una lección para todos, pues en ocasiones no agradecemos debidamente a los que terrenalmente nos respaldan, bendicen, sostienen, ofrendan o diezman. Demos gracias a Dios desde luego, pero no olvidemos agradecerles directamente a las personas que se constituyen "en brazos y manos" para bendecirnos.

Pablo les agradece que su interés por ayudar no solo fue una intención *"pensada"*, sino que la llevaron a la práctica y su contribución en medio de su tribulación fue como agua fresca al sediento.

Esa actitud fue encomiada por el Apóstol con un ***"bien hicisteis".*** No se describe cómo hicieron estos hermanos para recolectar la ofrenda, pero fue un buen acto de benevolencia. (Lucas 12:33). Necesidades habrá muchas, y desde luego que no se pueden resolver todas, pero siempre una buena acción, pequeña o grande, será de gran alivio para el que padece necesidad.

Cristo prometió recompensar los más pequeños actos de bondad, tales como el dar un vaso de agua (Mr 9:410) o visitar a los enfermos. (Mt 25:34-45)

4:15-17 *"Y sabéis también vosotros, oh filipenses, que, al principio de la predicación del evangelio, cuando partí de Macedonia, ninguna iglesia participó conmigo en razón de dar y recibir, sino vosotros solos; pues* *aún a Tesalónica me enviasteis una y otra vez para mis necesidades, no es que busque dádivas, sino que busco fruto que abunde en vuestra cuenta."*

Los filipenses, habían ayudado a Pablo desde su llegada con el evangelio a esa región, por lo que quería patentizarles por escrito su gratitud, porque fueron generosos en cuidados, atención, hospedaje y ayuda económica.

Como lo cuenta el relato de Hechos 17, cuando salió de Filipos pasó a Tesalónica, y a Berea plantando iglesias, antes de embarcarse para Atenas. Los fieles hermanos le mandaron ofrendas, no en una ocasión sino repetidas veces. *"aún a Tesalónica me enviasteis una y otra vez para mis necesidades".*

 **PARA MEDITAR**

Un modelo de iglesia misionera

Cuando Pablo llegó a Corinto a plantar la iglesia, después de pasar por Atenas, los filipenses se mantuvieron fieles como una ejemplar iglesia misionera, sosteniendo la plantación de congregaciones en Corinto y la región. Pablo les agradece su apoyo en 2 Corintios 11:9, diciendo *"los hermanos que vinieron de Macedonia".* Por seguro que estaba incluyendo a los de Tesalónica y Berea. Quienes *"participaron conmigo en razón de dar y recibir".*

Las iglesias misioneras "dan y reciben". Cuanto más sistemáticamente lo hagan, envolverán a un buen número de miembros, que también "dan y reciben". Los templos pronto se amplían, o se construyen en áreas más extensas y confortables; y los feligreses misioneros, experimentan abundantes bendiciones financieras.

Muchos saben, que yo, el editor de este Comentario (el Dr. Teófilo J. Aguillón), como Superintendente General de las Asambleas de Dios en México y luego, como Superintendente del Distrito del Golfo en los Estados Unidos (GLAD, que incluía los Estados de Texas, Oklahoma, Arkansas y Luisiana) tuve la oportunidad de conocer a muchas iglesias misioneras. Además, fui pastor de la misionera iglesia "Bethel" de Pharr TX., en la frontera con México, quien por muchos años ha ocupado los primeros lugares en ofrendas para misiones. Cuando algunos me han preguntado por una estrategia que ayude al crecimiento de su iglesia, tengo una sola respuesta: ¡sean misioneros!, y verán crecimiento en almas y finanzas.

4:18 *"Pero todo lo he recibido, y tengo abundancia; estoy lleno, habiendo recibido de Epafrodito lo que enviasteis; olor fragante, sacrificio acepto, agradable a Dios."*

"En el sistema de sacrificios del AT todo sacrificio debía producir un aroma fragante y ser aceptable para Dios. Sólo si era ofrecido con la actitud correcta sería agradable a Él (Gn 8:20, 21: Éx 29:18; Lv 1:9, 13,17). La ofrenda de los filipenses fue un sacrificio espiritual (cp. Ro 2:1; 1 P 2:5) que agradó a Dios". (Biblia MacArthur pg. 1680).

Los hermanos al enterarse de lo sucedido a Pablo en Jerusalén, su arresto y encarcelamiento, nuevamente le enviaron una ofrenda (4:10-14). Aunque Epafrodito es aludido muy brevemente y sólo es mencionado en esta carta, su participación es de gran enseñanza para los creyentes actuales.

Epafrodito, como se comentó en 2:25-28 recibió tantos elogios y reconocimiento del Apóstol, como a pocos colaboradores en sus cartas, pues aún enfermó gravemente en su servicio al Señor, atendiendo a Pablo. *"exponiendo su vida (2:30).*

NOTA HISTÓRICA

⇒ Se cuenta que, en cierta región en tiempos de la iglesia primitiva, surgió una asociación de hombres que se llamaban los *parabolani*, "los jugadores". Se ofrecían a visitar a los presos y a los enfermos, especialmente a los que tenían enfermedades infecciosas o contagiosas.

⇒ En el año 252 d C. se declaró una peste en Cartago. Los paganos arrojaban los cadáveres y huían aterrados. Cipriano, el obispo cristiano, reunió a su congregación y los puso a enterrar a los muertos y a atender a los enfermos en la ciudad apestada, y así salvaron la ciudad; a riesgo de sus vidas, de la destrucción y la desolación.

Los creyentes activos en la iglesia, aun aquellos que exponen sus vidas, no están exentos de calamidades, enfermedades y desavenencias; pero al orar los unos por los otros, Dios en su misericordia responde sanando o interviniendo. (2:26,27).

4:19 *"Mi Dios, pues, suplirá todo lo que os falta conforme a sus riquezas en gloria en Cristo Jesús."*

Sin ambages, Pablo les escribe a los filipenses que Dios **suplirá todo lo que les falte.** Tenía la convicción, que en Dios se puede confiar en todo y para todo. Esta seguridad la deben tener todo ministro y todos los creyentes, en cada área de su vida. Así fueron las indicaciones de Cristo para sus discípulos cuando los envió a predicar (Mt 10:7-10; Mt 28: 20).

4:20 *"Al Dios y Padre nuestro sea gloria por los siglos de los siglos. Amén". "! [¡Toda la gloria sea a nuestro Dios y nuestro Padre por siempre y para siempre! Amén"*, Biblia NTV].

Una doxología más que aparece en el NT, reconociendo en este caso la provisión permanente del Padre para las necesidades de los santos.

Pablo hace una mención general hacia quien merece ser honrado por tan gran y maravilloso poder. Durante el ministerio terrenal de Cristo la gente alababa al Padre por los milagros que veían y las sanidades recibidas (Mt 15:31) ; Hechos 4:21).

Juan vio la adoración brindada al Padre en el cielo (Ap 4:10,11; 7:10; 19:1).

Pablo fue testigo de la manifestación sobrenatural del poder de Dios durante su ministerio y continuó animando en sus Epístolas a que siempre se debe dar la gloria, al único y misericordioso Dios, que es nuestro Padre.

Salutaciones finales, 4:21-23

4:21,22 *"Saludad a todos los santos en Cristo Jesús. Los hermanos que están conmigo os saludan. Todos los santos os saludan, y especialmente los de la casa de César."*

A pesar de haber estado recluido en la cárcel en Cesarea y posteriormente en Roma, su influencia no estaba recluida, pues seguía comunicándose con las personas con las que había tratado y aún evangelizado. Por medio de sus colaboradores y amigos a quienes, en sus Epístolas menciona, mantenía una edificante relación con las iglesias.

Muchos de ellos son anónimos, pero eran parte del equipo ministerial de Pablo, creyentes en los que confiaba, y que servían a la misma causa.

"La casa de César". Pablo termina enviándoles saludos a los creyentes en Filipos, de parte de los de la casa de César, muy posible los guardias y la servidumbre de Nerón el emperador romano. (1:13).

También, "Una referencia muy probable a los esclavos y criados que estaban dentro y alrededor del palacio imperial." [Comentario de la Biblia Plenitud].

4:23 *"La gracia de nuestro Señor Jesucristo sea con todos vosotros. Amén."*

Más que un saludo de protocolo, el saludo final era la forma de una bendición apostólica. Un anhelo ferviente que fuera Jesucristo quien bendijera las vidas de todos los creyentes (Ro 16:20; 2Cor 13:14; 2Ts 3:18; 1P 5:10; Ap 22:21).

NOTA DOCTRINAL

Téngase cuidado en decir a los creyentes, ya sea en forma personal, en la congregación, en la radio o en las redes sociales: "yo te bendigo o yo los bendigo". No se observa ese saludo o bendición en las cartas de Pablo. Siempre dice: *"qué Dios el Padre sea con ustedes"* o *"el Señor Jesucristo sea con todos vosotros",* como aquí en 4:23. Ese tipo de saludos se observan también en la Carta a los Hebreos y en las Epístolas Generales.

EPÍSTOLA DEL APÓSTOL PABLO A LOS COLOSENSES

Escritores:
Pbro. Ernesto Balcázar Contreras
Pbro. Iván López Pérez
Pbra. Ana Laura Uribe Sastré
Pbra. L. Cristina Jiménez Bacelis
Pbra. Raquel Rivera Jiménez

Editores:
Pbra. Meribah García Texon
Rev. David L. Aguillón
Dr. Teófilo Aguillón

Diseño y relaciones públicas:
Rev. Joel Aguillón
Rev. Rubén D. Aguillón
Eduardo Canché y Kelly G. Palomo

INTRODUCCIÓN

La Carta a los Colosenses, forma parte de las llamadas "Epístolas de la cautividad o de la prisión", junto a Efesios, Filipenses y Filemón. Llamadas de esta manera porque el apóstol Pablo las escribió desde su cautiverio en Roma. Es una carta afín con la carta dirigida a los Efesios en su estilo literario, así como con el contenido. Se encuentra una basta riqueza de doctrinas teológicas, en especial su cristología, la cual aborda con un léxico enriquecido, tal como le exigía la influencia de las doctrinas a las que enfrenta en esta misiva. En cuanto al estilo, el texto griego original utiliza frases más largas que en Romanos y Gálatas. Debe decirse que aporta una sobresaliente exaltación de la preeminencia de Cristo sobre toda la creación afirmando que: *Él es la imagen del Dios invisible, el primogénito de toda* creación (1:15)

Ubicación histórica

Lo que le da importancia a la ciudad de Colosas en el Nuevo Testamento, es que una iglesia fue plantada allí, probablemente por Epafras (Col 1:7; 4:12), un creyente convertido a la fe durante los tres años del ministerio de Pablo en Éfeso (Hch 20:31). El trabajo de evangelismo fue realizado con mucha eficacia por los discípulos de Pablo inspirados en los estudios diarios en el salón de Tiranno (Hechos 19:10). Mientras Pablo enseñaba, sus alumnos plantaban iglesias en toda la provincia.

Algunos de estos centros de predicación, Pablo no los visitó personalmente, pero siempre tuvo un interés pastoral en ellos. Estas reuniones eran primordialmente en hogares, como se menciona en la misma Biblia.

Ubicación geográfica

A unos 150 kilómetros al este de Éfeso, en el valle del río Lico, cerca de donde se une con el Meandro, en la actual Turquía (Asia Menor). Eran tres ciudades importantes: Laodicea, Hierápolis y Colosas. En su origen habían sido poblaciones frigias, pero en este tiempo eran parte de la provincia romana de Asia. Casi se podía ver una, desde las otras. Hierapolis y Laodicea estaban en orillas opuestas del Río Lico que corría entre ambas, separadas solo por unos diez kilómetros. Colosas estaba situaba a ambos lados, como una silla de montar, quince kilómetros río arriba (10 millas). Había sido una provincia próspera en el siglo quinto a.C., pero cuando Pablo escribió esta carta estaba en decadencia. Las dos regiones vecinas habían absorbido su comercio.

El valle de Lico tenía dos características notables. La primera es que el Valle era famoso por sus terremotos y la segunda era que sus aguas y sus afluentes estaban impregnadas de cal, lo cual formaba un paisaje de formas naturales de las más alucinantes, atrayendo las miradas de los viajeros a una distancia de aproximadamente treinta kilómetros. Además, era un área rica y muy conocida por sus terrenos volcánicos y fértiles, una formidable tierra de pastos en las que criaban rebaños de ovejas que hacía de Colosas una ciudad líder en la industria de la producción de lana, la cual se podían teñir de color negro, púrpura y escarlata; las agua calizas tenían una cualidad que las hacia especialmente idónea para teñir paños. Colosas por esa razón era tan popular.

Las ciudades mencionadas, incluyendo a Colosas, estaban en una zona en la que había muchos judíos; ya que tiempo atrás, Antíoco el Grande en los años (223-187 a.C.) había transportado dos mil familias desde Babilonia y Mesopotamia, a las regiones de Frigia y Lidia.

El autor

Pablo apóstol, la escribió entre los años 62-63 d.C. cuando se hallaba bajo arresto domiciliario en Roma y esperaba ser juzgado después de apelar ante Nerón el emperador romano. No siendo una persona que pierde el tiempo Pablo tomó la oportunidad para escribir y fortalecer a la iglesia en Colosas. Se vincula esta carta a Pablo por el estilo literario, además de los nombres de las mismas personas (Timoteo, Tíquico, Aristarco, Marcos, Epafras, Lucas, Onésimo, y Demas) que aparecen en las epístolas que escribió desde la prisión, mostrando que fueron escritas por el mismo autor alrededor del mismo tiempo y que, a Tíquico se le comisionó para llevar la carta, juntamente con la de los Efesios.

Una de las exaltaciones más sublimes sobre el Señor Jesucristo en el NT, se encuentra en 1:15-18: *"Jesús es la imagen del Dios invisible, el primogénito de toda creación. Porque en él fueron creadas todas las cosas, las que hay en los cielos y las que hay en la tierra, visibles e invisibles; sean tronos, sean dominios, sean principados, sean potestades; todo fue creado por medio de él y para él. Y él es antes de todas las cosas, y todas las cosas en él subsisten; y él es la cabeza del cuerpo que es la iglesia, él que es el principio, el primogénito de entre los muertos, para que en todo tenga la preeminencia".*

Destinatarios

Los feligreses en Colosas eran primeramente gentiles, pero en esta área de Colosas había una comunidad grande de judíos. Posiblemente, Epafras le trajo a Pablo no solamente noticias sobre la vida cristiana que disfrutaban (1:8), sino también sobre la peligrosa herejía que se estaba infiltrando entre los colosenses, (cap. 2) la cual trataba de combinar el cristianismo con otras creencias.

Aunque el apóstol Pablo no lo define claramente, da algunos elementos que conformaban la herejía, haciendo referencia a un sincretismo (mezclar creencias buenas y malas de diferentes religiones en una sola) entre la filosofía y la religión, debido a que en esa época los griegos eran conocidos por su búsqueda y énfasis en la sabiduría, queriendo explicar la vida desde un punto de vista filosófico. Algunas de ellas nunca han desaparecido y se mencionan o practican en la época presente.

Entre estas posturas se pueden encontrar: el sincretismo religioso (el hecho de combinar elementos de diferentes religiones o sistemas filosóficos), el legalismo judío, el misticismo griego, (corriente religiosa que propone la unión del alma con Dios por diversos medios: ascetismo, devoción, amor, contemplación), tradiciones de hombres, de la ley, de comidas y bebidas, énfasis en lo oculto y en la sabiduría, y otras más.

Aquí, Pablo no confronta tan fuerte a los colosenses, como lo hizo con los gálatas porque estas ideas todavía no estaban completamente desarrolladas. Tampoco reprende a los creyentes de Colosas, más bien, el apóstol usa una estrategia eficaz: una clara presentación de las verdades del evangelio, denunciando y refutando las herejías, al mismo tiempo que los instruía en la verdad y les alertaba sobre los peligros subyacentes.

Esta carta resalta puntos doctrinales y éticos muy fuertes que nunca deben ser pasados por alto por los seguidores de Cristo, a saber:

- la superioridad, y la preeminencia de Jesús, Señor de la creación, Cabeza de la iglesia,
- La redención y la reconciliación por medio de su sacrificio, anulando "el acta de los decretos" que había contra los creyentes, llevando a un fortalecimiento de la imagen de Dios en la vida de los seres humanos.
- Un proceso de transformación que encuentra en los capítulos finales los principios y valores que constituyen el fundamento de la vida familiar.
- Indicaciones para las relaciones interpersonales correctas.

Breve bosquejo

A. Introducción (1:1-14)

1. Saludo (1:1-2)

2. Oración de elogio a la fe que profesa la iglesia (1:3-8)

3. Oración del corazón pastoral por la iglesia (1:9-14)

B. Doctrina de la Cristología (1:15-2:23)

1. Cristo el primogénito (1:15-17)

2. Cristo la cabeza (1:18-19)

3. La muerte de Cristo, único medio de reconciliación (1:20-23)

4. Pablo abre su corazón a la iglesia (1:24-29)

5. Justificación de la misiva (2:1-8)

6. Desenmascaro de las falsas doctrinas (2:9-23)

C. Transformación completa (3:1-4:18)

1. Reanudando la relación con Dios (3:1-4)

2. Renovándose a la imagen de Dios (3:5-17)

3. Restableciendo los valores familiares (3:18-21)

4. Cuidando el testimonio laboral (3:22-4:1)

5. Practicando la oración personal (4:2-6)

D. saludos e indicaciones finales (4:7-18)

EPÍSTOLA A LOS COLOSENSES

CAPÍTULO 1

Salutación, Col 1:1,2

1:1,2 *"Pablo, apóstol de Jesucristo por la voluntad de Dios, y el hermano Timoteo, ²a los santos y fieles hermanos en Cristo que están en Colosas: Gracia y paz sean a vosotros, de Dios nuestro Padre y del Señor Jesucristo".*

Imprimiendo su sello personal, el apóstol Pablo, inicia el mensaje dirigido a los creyentes colosenses, adjuntando sus divinas credenciales, *apóstol de Jesucristo por voluntad de Dios.* Invocando la originalidad de su apostolado ("un enviado especial") es decir, comisionado directamente por el Señor Jesús, para tal ministerio. (Hch 22:12-15; 17-21). Quien fuera antes perseguidor de Sus seguidores, por ignorancia, ahora ha dedicado todo su talento para proclamarlo, aun a riesgo de su propia vida.

El hermano Timoteo, reconocido por Pablo como un verdadero y amado hijo en la fe, (1 Ti 1:2; 2Ti 1:2) quien estaba con el Apóstol en Roma como fiel colaborador y que pudiera haberle servido como escribano (Col 4:18). Reconociendo su fidelidad y capacidad lo pone junto con él, como remitente en esta Carta, como lo hizo también en la segunda Carta a los Corintios, a los filipenses, en las dos a los tesalonicenses y en la Epístola a Filemón. Un binomio impactante.

"santos y fieles hermanos en Cristo", santos por su consagración a Dios, y fieles por su participación confiable en el servicio cristiano. No podía saludar de otra manera a sus destinatarios, los creyentes de Colosas.

 **PARA MEDITAR**

El otrora perseguidor de los discípulos de Jesús, lo hizo obedeciendo a su predisposición rabínica, ya que veía en ellos a gente blasfema, pero cuando él mismo abrazó la fe en el Nazareno, cambió su forma de verlos. Ahora, a los que antes consideraba blasfemos los reconoce como santos. Una evidencia de la transformación operada por Dios en el corazón de una persona, es poder ver a todos como sus hermanos, no importando su origen racial, social o económico. La iglesia del Señor está llena de esta homogeneidad singular.

Gracia y paz sean a vosotros, de Dios nuestro Padre y del Señor Jesucristo, es el saludo distintivo del apóstol Pablo. Reflejando con ello, su misma confianza y dependencia de la *jaris* (gracia) recibida y deseándoles la misma a los hermanos colosenses (esta frase realmente es parte de su saludo en todas sus cartas (Ro 1:7; 1Co 1:3; 2Co 1:2; Ga 1:3; Ef 1:2; Fil 1:2; 1Ts 1:1; 2 Ts 1:2; 1Ti 1:2; 2Ti 1:2; Tit 1:4 y Flm 3); asimismo, les desea paz (gr. *eirene*), traducción del hebreo *shalom*, que encierra la idea general de completo bienestar. El Padre, su hijo Jesucristo y el Santo Espíritu, nos proveen con todas las manifestaciones de su gracia y de la paz, que sobrepasan todo entendimiento.

Pablo pide a Dios que les conceda sabiduría espiritual, Col 1:3-14

1:3-8 *"Siempre orando por vosotros, damos gracias a Dios, Padre de nuestro Señor Jesucristo, ⁴habiendo oído de vuestra fe en Cristo Jesús, y del amor que tenéis a todos los santos, ⁵a causa de la esperanza que os está guardada en los cielos, de la cual ya habéis oído por la palabra verdadera del evangelio, ⁶que ha llegado hasta vosotros, así como a todo el mundo, y lleva fruto y crece también en vosotros, desde el día que oísteis y conocisteis la gracia de Dios en verdad, ⁷como lo habéis aprendido de Epafras, nuestro consiervo amado, que es un fiel ministro de Cristo para vosotros, ⁸quien también nos ha declarado vuestro amor en el Espíritu".*

Manifestando un hábito por demás importante, el de la oración intercesora, Pablo incentiva la confianza de los colosenses. **Siempre,** afirma la continuidad de la intercesión; *por vosotros,* alude a la objetividad de la oración; y *damos gracias,* revela los maravillosos resultados de tal hábito. Siempre que oremos con perseverancia y objetividad, no faltarán motivos para agradecer a Dios sus oportunas respuestas.

Aunque Pablo no había estado en Colosas y no conocía a los creyentes de esa ciudad, y ellos tampoco le habían tratado a él personalmente, bastaba con haber oído el testimonio compartido por Epafras, acerca de su *fe en Cristo Jesús,* su *amor... a todos los santos* y *la esperanza... guardada en los cielos,* para saber que estos estaban *en Cristo* y, eran *fieles y santos* (v. 2). El griego *elpis,* traducido como esperanza, comprende tanto lo que se espera, así como la razón de tal seguridad. Dicha esperanza está protegida en el mejor lugar, *"en el cielo, donde ni la polilla ni el orín corrompen, y donde ladrones no minan ni hurtan"* (Mateo 6:20).

1:9-14 *"Por lo cual también nosotros, desde el día que lo oímos, no cesamos de orar por vosotros, y de pedir que seáis llenos del conocimiento de su voluntad en toda sabiduría e inteligencia espiritual, ¹⁰para que andéis como es digno del Señor, agradándole en todo, llevando fruto en toda buena obra, y creciendo en el conocimiento de Dios; ¹¹fortalecidos con todo poder, conforme a la potencia de su gloria, para toda paciencia y longanimidad; ¹²con gozo dando gracias al Padre que nos hizo aptos participar de la herencia de los santos en luz; ¹³el cual nos ha librado de la potestad de las tinieblas, y trasladado al reino de su amado Hijo, ¹⁴en quien tenemos redención por su sangre, el perdón de pecados".*

Esta es una de las cuatro grandes oraciones apostólicas de Pablo, pronunciadas bajo la inspiración del Espíritu. Las otras tres se encuentran en Efesios 1: 16-19; 3: 14-19; Fil 1: 9-11. Con esas oraciones, (la Biblia Vida Plena, pág. 1709, ofrece 15 buenas razones para hacerlo) se aprende a orar por los hijos, los amigos, los hermanos en la fe, los misioneros y los pastores.

Los propósitos de las oraciones del apóstol Pablo inician así:

- ➢ *"por vosotros"*, palabras sencillas pero que llegan a producir ánimo en la vida del creyente, al saberse sujeto de intercesión;
- ➢ *"que seáis llenos del conocimiento, de su voluntad,* del griego *thelema*, que incluye los conceptos de deseo y propósito;
- ➢ *"en toda sabiduría"* (*sofía*), que encierra el sentido general de lo que viene de Dios, en contraposición a la sabiduría producto del razonamiento humano;
- ➢ *"inteligencia espiritual (synesis)*, es decir la capacidad de entender y discernir.

¹⁰para que andéis como es digno del Señor, agradándole en todo, llevando fruto en toda buena obra, y creciendo en el conocimiento de Dios;

Aquí se encuentran 4 decisiones fundamentales, que deben ser la meta en la vida de cada creyente:

- ⊃ *para que andéis como es digno del Señor.* La sabiduría y discernimiento recibido en la vida del creyente ha de traer consigo frutos de carácter. Si hemos de recibir de Dios ciencia y capacidad de juicio, ha de ser para honrar, al que se sacrificó en la cruz por nosotros. La raíz griega *axioo* (digno), tiene la connotación "de peso", lo que significa que la conducta del creyente ha de ser de suficiente peso, producto de la voluntad.
- ⊃ *agradándole en todo*, proviene de un término, que tiene en sí la idea de complacer, lo cual requerirá de sumisa obediencia a la Palabra.
- ⊃ *llevando fruto en toda buena obra,* la meta de tanta sabiduría e inteligencia son los **frutos**, pero no de cualquier clase, sino, *en toda buena obra,* Juan 15:2 registra las palabras de Jesús: *"todo aquel que lleva fruto, lo limpiará* (mi padre), *para que lleve más fruto".*
- ⊃ *y creciendo en el conocimiento de Dios,* un proceso que nunca termina y que invita al creyente a aprovechar todo momento para estudiar las Escrituras, a fin de derivar lecciones de cualquier circunstancia, positiva o negativa.

¹¹fortalecidos con todo poder, conforme a la potencia de su gloria, para toda paciencia y longanimidad; utilizando un juego de palabras sobre la fuerza, cubre todo el rango desde lo humano hasta lo divino; *fortalecidos* alude a la entereza que el hombre necesita para conseguir algo (su raíz griega denota permitir); *poder,* comprende la idea de poder sobrenatural; y la **potencia** (*kratos*) *de su gloria* "poder que sobrepasa la oposición". En otras palabras, el creyente necesita que se le permita lograr u obtener algo y a la vez, necesita autoridad para obtenerlo; este ejercicio le llevará al desarrollo de dos virtudes indispensables en el andar con Cristo, *paciencia* para soportar las pruebas y dificultades y, *longanimidad,* la paciencia necesaria en relación con las personas (difíciles).

¹²con gozo dando gracias al Padre que nos hizo aptos para participar de la herencia de los santos en luz; una vida verdadera en Cristo nunca estará carente del gozo. El gozo del creyente no es una mera manifestación espontánea de alegría, sino más bien, una actitud permanente de aceptación al estar seguros de que *"a los que aman a Dios, todas las cosas les ayudan a bien"* (Ro 8:28).

La acción de gracias aquí sugerida no es en virtud de las cosas buenas recibidas, (que desde luego debemos agradecer). Esto no es el resultado de un proceso, sino, una obra consumada; *participar*, es tener parte o derecho, de las riquezas celestiales con todos los demás **santos en luz**, que delimita el terreno espiritual divino, porque "Dios es luz" (1 Jn 1:5).

¹³*el cual nos ha librado de la potestad de las tinieblas, y trasladado al reino de su amado Hijo, ¹⁴en quien tenemos redención por su sangre, el perdón de pecados".* Es el mismo Padre que nos ha *librado* de la *exousía* (poder, potestad, que describe tanto la persona que ostenta autoridad, así como la autoridad misma), de modo que nos rescató de la persona (satanás), y de su poder; este acto, quedaría desde luego sin ningún beneficio si no se nos trasladase de las tinieblas del imperio de satanás al reino de su amado Hijo, lo que hace un contraste entre tinieblas y luz, entre potestad y reino. Las tinieblas de satán son un dominio sin estructura, sin poder, sin lealtades; en cambio el Hijo de Dios tiene un reino, un orden, Él mismo es el Rey.

El versículo 1:14 establece la razón teológica de dicho traslado (de las tinieblas al reino del Hijo), reiterando la verdad fundamental del evangelio, de que es sólo en Jesús el amado Hijo, en quien tenemos *redención por su sangre.* Dicha redención requirió de un pago, *su sangre;* la operación realizada es *el perdón de pecados,* ya que *"sin derramamiento de sangre no hay remisión"* (Hebreos 9:22).

Reconciliación por medio de la muerte de Cristo, Col 1:15-23

1:15-20 *Él es la imagen del Dios invisible, el primogénito de toda creación. ¹⁶Porque en Él fueron creadas todas las cosas, las que hay en los cielos y las que hay en la tierra, visibles e invisibles; sean tronos, sean dominios, sean principados, sean potestades; todo fue creado por medio de Él y para Él. ¹⁷Y Él es antes de todas las cosas, y todas las cosas en Él subsisten; ¹⁸y Él es la cabeza del cuerpo que es la iglesia, él que es el principio, el primogénito de entre los muertos, para que en todo tenga la preeminencia; ¹⁹por cuanto agradó al Padre que en Él habitase toda plenitud, ²⁰y por medio de Él reconciliar consigo todas las cosas, así las que están en la tierra como las que están en los cielos, haciendo la paz mediante la sangre de su cruz.*

1:15 *Él es la imagen del Dios invisible, el primogénito de toda creación.* "*Cristo es la imagen visible del Dios invisible. Él ya existía antes de que las cosas fueran creadas y es supremo sobre toda la creación*" [Biblia NTV]. Cristo y solo Él, es la *imagen* (*eikón*, semejanza), y no solo imagen, sino representante del Dios invisible, en concordancia con Juan 1:18 "*A Dios nadie lo ha visto jamás; el unigénito Hijo, que está en el seno del Padre, Él lo ha dado a conocer*".

TEXTO CONTROVERSIAL

"el primogénito de toda la creación". Arrio (250-336 d.C.), un hereje declarado comenzó a enseñar que, este texto prueba que Jesús mismo fue un ser creado. Los testigos de Jehová, entre otros, en el tiempo moderno lo han seguido enseñando, despojándolo de su divinidad, a pesar de que dicha postura fue calificada como herética por la mayoría de los cristianos. Su rechazo fue categórico en el Concilio de Nicea en el año 325 d.C. y ratificado en el 2° Concilio Ecuménico, en Constantinopla en el 381 d.C. "Primogénito" tiene el mismo significado que se le da en el AT: el primero en importancia, heredero o supremo (Ex 4:22, Jer 31:9, Sal 89:27). Walvoord, (El conocimiento bíblico, un comentario expositivo, tomo 3 P.226) comenta lo siguiente: "primogénito" implica tanto la precedencia de Cristo ante toda la creación (en tiempo) y su soberanía sobre toda ella (en jerarquía). por ellos mismos, o por otros creyentes, es controversial".

16,17 *"Porque en Él fueron creadas todas las cosas, las que hay en los cielos y las que hay en la tierra, visibles e invisibles; sean tronos, sean dominios, sean principados, sean potestades; todo fue creado por medio de Él y para Él. ¹⁷Y Él es antes de todas las cosas, y todas las cosas en Él subsisten;* La Biblia RVC lo expresa así *"Él existía antes de todas las cosas, y por Él se mantiene todo en orden".*

Pablo aborda el tema de la supremacía de Cristo, (la Biblia de Estudio Pentecostal Pág. 1707, la presenta como el tema de la Epístola). El amado Hijo (del Padre), es la causa y el propósito de toda la creación. En la expresión *"en Él"*, lo reconoce como precursor y base de *todas las cosas,* incluyendo *los cielos* y *la tierra*; también, todas las cosas que hay en ellos, lo material –**visible**- y lo inmaterial -**invisible**-. Puntualiza que no hay excepción, ya sean tronos, sean dominios, sean principados, sean potestades, todos estos designan las estructuras de autoridad, espirituales o humanas, buenas o malas. En esta inspirada lista, Pablo declara que absolutamente todo fue creado en Cristo.

> El apóstol, enfático, proclama, todo *fue creado por medio de Él*, porque él tiene el poder para crear. Y *para Él*, porque tiene derecho y propósitos sobre tolo creado. Por eso *todas las cosas en Él subsisten*, porque para cumplir sus propósitos las mantiene. Pablo trata de establecer la igualdad de Cristo, participando en la creación junto al Padre. El comentarista William Barclay lo sintetiza de la siguiente manera: *"Así pues, el Hijo es el principio de la creación, y el fin de la creación, y el poder que mantiene la creación unida; el Creador, el Sustentador y la Meta Final del universo".*

¹⁸y Él es la cabeza del cuerpo que es la iglesia, Él que es el principio, el primogénito de entre los muertos, para que en todo tenga la preeminencia;

Al referirse a Cristo usando la metáfora de la cabeza, afirma su autoridad, ahora sobre la iglesia. Esta representación es común en el pensamiento del Apóstol, ya que el término "cabeza", se utiliza tanto para referirse a la parte del cuerpo, así como, para dar la idea de posición, autoridad, dominio, importancia; y aquí tiene el mismo sentido que en 1 Corintios 11:3 y Efesios 4:15. La iglesia, que es su cuerpo, sobre el cual ejerce su autoridad, agrupa a todos los verdaderos creyentes en Él, ya sea la colectividad universal, o la congregación local.

Cristo *es el principio*, así lo afirmó Él mismo: *"el primero"* (Ap 2:1;8). *El primogénito de entre los muertos,* pues Jesús fue el primero en resucitar con un cuerpo espiritual e inmortal, *"primicias de los que durmieron es hecho"* (1 Co 15:20). En el día de su resurrección Cristo llegó a ser la cabeza de la iglesia. Debe decirse que el hecho de que Cristo Jesús haya sido el primero en resucitar de entre los muertos implica la posterior resurrección de todos aquellos por quienes murió.

Todo fue deliberadamente planificado por la bendita trinidad, *para que en todo tenga la preeminencia*; su supremacía es sobre la creación, sobre su nueva creación -la iglesia- y sobre la misma muerte.

¹⁹por cuanto agradó al Padre que en él habitase toda plenitud, ²⁰y por medio de Él reconciliar consigo todas las cosas, así las que están en la tierra como las que están en los cielos, haciendo la paz mediante la sangre de su cruz.

Porque *así agradó al Padre*; y esto no de manera arbitraria, sino debido a que en el Hijo tiene complacencia, debido a su obediencia abnegada, *" no me ha dejado solo el Padre,* dijo Jesús, en Juan 8:29, *"porque yo hago siempre lo que le agrada"* Y Pablo en Filipenses 2:6-11, presenta una de las listas más hermosas sobre la disposición de Cristo *para hacerse obediente hasta la muerte; y que en Él habitase* (como morada permanente), *toda plenitud*, así lo indica de manera explícita en Colosenses 2:9, *"corporalmente toda la plenitud de la deidad"*.

Ya que Cristo y sólo Él, tiene supremacía sobre todo y en todo, es el único por medio de quien el Padre, pudo **reconciliar consigo mismo todas las cosas.** Usando el verbo *apokatallásso*, que implica un cambio de una posición a otra, refuerza la idea del versículo 13 cuando dice "trasladado". Por medio de Jesús, el Padre eliminó la distancia entre nosotros y Él, ya que nos reconcilió consigo mismo en términos generales. *"todas las cosas, las que están en la tierra como las que están en los cielos haciendo la paz mediante la sangre de su cruz",* la humanidad y todas del universo se unifican y armonizan con Cristo (vv. 16-18).

> Eso no significa que se reconcilie a todas las personas sin la participación de su voluntad. Siguen siendo enemigas de Dios las que rechazan la reconciliación que les ofrece Cristo, mediante la sangre de su cruz (Romanos 2:4-10)". (Biblia de Estudio Pentecostal Pág. 1710).

1:21-23 *"Y a vosotros también, que erais en otro tiempo extraños y enemigos en vuestra mente, haciendo malas obras, ahora os ha reconciliado ²²en su cuerpo de carne, por medio de la muerte, para presentaros santos y sin mancha e irreprensibles delante de Él; ²³si en verdad permanecéis fundados y firmes en la fe, y sin moveros de la esperanza del evangelio que habéis oído, el cual se predica en toda la creación que está debajo del cielo; del cual yo Pablo fui hecho ministro".*

La reconciliación descrita incluye *también* a los colosenses, esta declaración elimina la posición de los judíos que enseñaban que solo ellos eran objeto de la bondad de Dios. Es verdad que en el tiempo pasado eran *extraños* o mejor dicho extranjeros y no solo eso, sino, *enemigos* al estar impregnados del pensamiento gnóstico que se basa en el conocimiento elevado de la salvación, y que ellos creían que no alcanzaban y por tanto, todo su sistema de conducta era errado y sus obras eran malas, pero ahora estaban reconciliados con Dios.

> La expresión *en su cuerpo de carne* es contraria a la doctrina gnóstica que niega la corporeidad de Cristo. La encarnación de Jesús sin duda es de importancia, ya que sólo así su *muerte* tiene valor expiatorio. Su obra redentora tiene como meta la santificación, y perfeccionamiento, las palabras sin *mancha e irreprensibles*, incluyen las ideas de perfección y sin motivos de acusación, respectivamente; estos requisitos son indispensables ya que sin santidad *"nadie verá al Señor"* (Heb 12:14). Para presentarse delante de Él, el creyente está condicionado a la permanencia en el fundamento dado: *y sin moveros de la esperanza del evangelio que habéis oído, el cual se predica en toda la creación que está debajo del cielo; del cual yo Pablo fui hecho ministro.*

Ministerio de Pablo a los gentiles, Col 1:24-29

1:24,25 *"Ahora me gozo en lo que padezco por vosotros, y cumplo en mi carne lo que falta de las aflicciones de Cristo por su cuerpo, que es la iglesia;* "Me alegro cuando sufro en carne propia por ustedes, porque así participo de los sufrimientos de Cristo que continúan a favor de su cuerpo que es la iglesia" [Biblia NTV] *²⁵de la cual fui hecho ministro, según la administración de Dios que me fue dada para con vosotros, para que anuncie cumplidamente la palabra de Dios".*

Pablo, ahora es ministro del evangelio y con *gozo* padece a favor de ellos. Se regocija porque se le permite participar en los sufrimientos de Cristo y *"llegar a ser semejante a Él en su muerte"* (Fil 3:10, 2 Co 1:4,5).

De esa iglesia, el cuerpo de Cristo, Pablo fue **hecho ministro** (servidor), como se anota en el versículo 23, la voluntad divina lo escogió a él y no él a sí mismo, poniéndolo como administrador responsable de anunciar la palabra de Dios plenamente a todos los gentiles.

1:26-29 *"el misterio que había estado oculto desde los siglos y edades, pero que ahora ha sido manifestado a sus santos, ²⁷a quienes Dios quiso dar a conocer las riquezas de la gloria de este misterio entre los gentiles; que es Cristo en vosotros, la esperanza de gloria, ²⁸a quien anunciamos, amonestando a todo hombre, y enseñando a todo hombre en toda sabiduría, a fin de presentar perfecto en Cristo Jesús a todo hombre; ²⁹para lo cual también trabajo, luchando según la potencia de Él, la cual actúa poderosamente en mí. "Es por eso que trabajo y lucho con tanto empeño, apoyado en el gran poder de Cristo que actúa dentro de mí"* Biblia NTV.

> Este pasaje, tiene su paralelo en Efesios 3:3-13, en el cual Pablo expresa con mayor claridad los detalles, **el misterio** que por los siglos y edades permaneció oculto, Dios lo dio a conocer **a sus santos** apóstoles y profetas por el Espíritu. Dicha revelación consiste en: *"que los gentiles son coherederos y miembros del mismo cuerpo y copartícipes de la promesa en Cristo Jesús por medio del evangelio"*. Es a los gentiles, a quienes estaba dirigido el ministerio de Pablo.

- ⊃ *Amonestando* (advertencia acerca del pecado, llamado al arrepentimiento y, a aceptar el evangelio);
- ⊃ *enseñando* (adoctrinamiento en las verdades del reino);
- ⊃ *con toda sabiduría* (la *sofía* que viene de Dios),
- ⊃ *a todo hombre* para presentarlo perfecto ante Dios el Padre, por medio de Cristo.

Esa es la razón de tan arduo trabajo apostólico, pero consciente de que cuenta con **la potencia** (poder superior a toda oposición), que actúa **poderosamente** en Él.

EPÍSTOLA A LOS COLOSENSES

CAPÍTULO 2

Ministerio a los gentiles, continuación, Col 2: 1-7

2:1 *"Porque quiero que sepáis cuán gran lucha sostengo por vosotros, y por los que están en Laodicea, y por todos los que nunca han visto mi rostro"*

 NOTA HISTÓRICA

> Parece ser que el apóstol no fue fundador directo de esta congregación, a diferencia de otras. Probablemente estuvo de paso en Colosas mucho antes de la fundación de la iglesia, ya que esta ciudad era la de menos importancia en el área, donde resaltaban Hierápolis y Laodicea en el Valle de Lico, muy cerca de Éfeso. Entonces, la relación que sostuvo con la iglesia debió haber sido a través de los líderes colosenses, sus queridos amigos, pero el predicador de los gentiles les mostró su afecto a través de la carta, como los menciona al final (4:7-17). Destacaban Epafras, Filemón, Onésimo y Tíquico a quienes trató de manera respetuosa con los adjetivos de "amado hermano", "fiel ministro", "consiervo en el Señor", "siervo de Cristo ", entre otros.

Los colosenses entendieron el amor profundo que demostraba el Apóstol, cuando les dio a conocer que sentía agonía profunda por ellos, pues estaban en serio peligro por las falsas enseñanzas que estaban surgiendo. Como se cree, eran una extraña mezcla de doctrinas cristianas, ciertas tradiciones judías no bíblicas y filosofías paganas, semejantes a la mezcla de las sectas falsas que existen en el tiempo actual (Biblia de Estudio Pentecostal, pág. 1708). Suplantaban la posición central y la supremacía de Cristo en la creación, la redención y la iglesia. La doctrina cristiana correcta se debía defender a toda costa.

2:2-4 *"para que sean consolados sus corazones, unidos en amor, hasta alcanzar todas las riquezas de pleno entendimiento, a fin de conocer el misterio de Dios el Padre, y de Cristo, en quien están escondidos todos los tesoros de la sabiduría y del conocimiento. Y esto lo digo para que nadie os engañe con palabras persuasivas".*

Toda oración debe llevar un para qué y el hombre que recibió la revelación de Jesucristo personalmente, lo entendía. La intensidad del ruego se revela en la palabra que usa, *parakalein: consolados*, que quiere decir algunas veces *consolar*, y otras *exhortar*. Sin embargo, en esta palabra también se encuentra un matiz que incitaba a pelear con ímpetu y furia, contra todo problema que quisiera destruir al creyente y por ende a la iglesia.

El fin era, además, que ellos alcanzaran la comprensión y vivencia completa del Cristo resucitado, pues no hay plena sabiduría fuera de Jesucristo. El apóstol, no pasaba por alto la firmeza de los colosenses, cristianos de convicción. Es inspirador agregar que las tesis presentadas en esta Carta servirían como defensa de la fe a los cristianos de los siglos posteriores.

"a fin de conocer el misterio de Dios el Padre, y de Cristo, en quien están escondidos todos los tesoros de la sabiduría y del conocimiento".

El Espíritu Santo capacitó a su siervo para esgrimir la debida apología del evangelio, pues al escribir que sólo en Cristo estaban escondidos los tesoros de la sabiduría, dejó a los gnósticos, maestros falsos de aquel momento, como unos indoctos e insensatos con respecto al conocimiento del Mesías (los gnósticos creían que era necesario para la salvación, entender muchos conocimientos secretos). Al hacer uso, el Apóstol, de la palabra *escondidos*, del griego *apókryfos*, que significa "algo que está escondido a la visión común", les advierte que también la sublime sabiduría escondida en Cristo no estaba al alcance de ellos. "Al usar esta única palabra Pablo está diciendo: «Vosotros, gnósticos, escondéis vuestro conocimiento de la gente corriente. Nosotros también tenemos nuestro conocimiento, pero no está escondido en libros ininteligibles, sino en Cristo, y por tanto abierto a todas las personas de todas partes». (W. Barclay: en su comentario "Filipenses y Colosenses").

2:5 *"Porque aunque estoy ausente en cuerpo, no obstante en espíritu estoy con vosotros, gozándome y mirando vuestro buen orden y la firmeza de vuestra fe en Cristo".*

Es de pensar que, el Espíritu Santo no le permitió al Apóstol estar en la iglesia de Colosas, en los albores de la nueva herejía, ¿Por qué se deduce esto? (así como en otras ocasiones el Espíritu no le permitió entrar en ciertas regiones, y llevarlo a otras, como en el caso de Macedonia, en donde comenzaba una misión especial). En este caso, si Pablo hubiera estado presente, habría tratado la situación personalmente, y quizá hoy no se sabría sobre los asuntos corregidos. Sin embargo, el Espíritu Santo, le dictó a través de esta Carta, las enseñanzas más profundas acerca de la persona de Jesús, para que los colosenses no fueran desviados de la verdad. Una carta magistral que sería el legado para las futuras generaciones de cristianos.

El apóstol valoraba demasiado su labor como maestro, tanto así, que se desesperaba por no poder estar físicamente con los discípulos colosenses, por ello les da a saber que los tenía siempre presentes en sus ruegos y súplicas delante del Señor Jesús. Las buenas noticias que Epafras, y sus amigos cercanos, le daban sobre la perseverancia de los colosenses en el evangelio, hacían sentir al apóstol, uno entre ellos. En esta confianza, reconoce que están enfrentando el peligro de las falsas enseñanzas con **buen orden** y **firmeza**. Palabras, que, por cierto, están altamente relacionadas con el servicio militar, o sea, que esta actitud representaba una estrategia militar aplicada en la vida cristiana.

2:6,7 *"Por tanto, de la manera que habéis recibido al Señor Jesucristo, andad en Él; arraigados y sobreedificados en Él, y confirmados en la fe, así como habéis sido enseñados, abundando en acciones de gracias".*

El apóstol Pablo, no titubeaba en cuestión de defender la sana doctrina, y mucho menos cuando se trataba de extirpar las mentiras que querían debilitar al cuerpo de Cristo. La frase que se lee *"al Señor Jesucristo"* tòn Christòn Iesoûn tòn kyrion (extrañamente) aparece por única ocasión aquí en el Nuevo Testamento. Es estratégica esta declaración para sus lectores, porque aquí mismo se recalca tanto la humanidad como la deidad de nuestro Señor. Esto era una de las realidades que los gnósticos negaban. Para los colosenses, al haberse encontrado con Cristo a través del evangelio, fue solo el comienzo, ahora deberían encaminarse a un conocimiento maduro y darle seguimiento firme.

Pablo reconoce la labor pastoral de Epafras, al reconocer a los cristianos colosenses, como una edificación con firmes fundamentos. De hecho, los términos usados en esta Carta señalan que no hay otra opción para un cristianismo vivo, que no sea sino profundizar sus raíces de la forma como lo hacen los árboles en buena tierra. *"arraigados y sobreedificados en Él"*. La poderosa descripción desafía a pensar que no tienen éxito y firmeza los cristianos que no se cimentan en Cristo y en los valores de su iglesia. No hay cristianismo sin raíces y no hay verdadera iglesia sin un fuerte fundamento. El binomio: *planta y edificio* se encuentra también en Jeremías 24:6 y Efesios 4:15,16. Cuatro características del cristiano maduro, deben ser aquellas que El Apóstol de los gentiles quiere ver en los colosenses: **arraigados, sobreedificados, confirmados y enseñados.**

Plenitud de vida en Cristo, Col 2:8-23

2:8 *"Mirad que nadie os engañe por medio de filosofías y huecas sutilezas, según las tradiciones de los hombres, conforme a los rudimentos del mundo, y no según Cristo."*

Pablo, aquí demanda reflexionar concienzudamente para evitar entrada a los falsos maestros, cuyas filosofías no son basadas en el conocimiento y uso pleno de la razón, sino en especulaciones o mitos, basadas en la tradición. Es necesario presentar a Jesucristo como Salvador y Señor completo. El evangelio vivo, está basado absolutamente en la persona de Cristo y no en mitos humanos. Aunque no es el objetivo demeritar el estudio y la preparación secular o académica, sí se insta a condenar toda creencia que quiera quitarle la gloria a Dios.

 NOTA SOCIOLÓGICA

La Biblia de Estudio Pentecostal en la página 1711, presenta un interesante resumen sobre una amenaza actual del tipo que Pablo temía: "el humanismo secular", afirmando que ha llegado a ser la filosofía fundamental y la religión aceptada en la mayor parte de la educación secular, de la administración pública y de la sociedad en general; y es el punto de vista que sostienen la mayoría de los noticieros y de los medios de comunicación de todo el mundo.

El comentarista Peake dice que el mejor sentido de la frase *os engañe* es "ser llevados lejos, como presa." También tiene la idea de ser robados y asaltados. "Sus bienes eran la salvación que ellos habían recibido de Cristo; y ambos, los maestros gentiles y judíos, se esforzaron en privarles de esto, al pervertir sus mentes y al llevarlos lejos de la verdad y de la cristiandad." Es decir, Pablo les recrea una escena que es totalmente conocida para sus tiempos, y la compara con los falsos maestros cuyo fin no era hacerlos discípulos, sino más bien, esclavos. La palabra original es *sylagóguein,* cuya referencia podría referirse a un traficante de esclavos que se llevara cautivos a personas libres, de un país conquistado, para venderlos como esclavos. Para Pablo era inconcebible y trágico que los que habían sido libres en Jesús una vez, estuvieran dispuestos a someterse a una nueva y desastrosa esclavitud.

 **NOTA HISTÓRICA**

Las filosofías y huecas sutilezas a las que se refiere este versículo hacen ver que la influencia del gnosticismo del siglo primero golpeaba a las iglesias cristianas, además de una mezcla con el judaísmo y sus tradiciones.

NOTA HISTÓRICA

El gnosticismo enseña que Dios (como un Espíritu perfecto) no podía entrar en contacto directo con el mundo material. Pablo se encargó de refutar este punto al señalar que Jesús es Dios y que Él vino *"en su cuerpo de carne"* (1:19-22). El gnosticismo también exponía que, al no poder tener contacto directo con el mundo material, Jesús no creó el mundo, sino que trabajó a través de espíritus de menor rango o ángeles. Pablo tenía una respuesta magistral: Jesús fue el creador del mundo. *"Porque en Él fueron creadas todas las cosas, las que hay en los cielos y las que hay en la tierra...todo fue creado por medio de Él y para Él"* (1:15,16).

"...conforme a los rudimentos del mundo, y no según Cristo." la palabra griega traducida como *rudimentos* es *stoicheia*, con un amplio significado para cubrir variedad de conceptos. El sustantivo *stoicheia* se aplica primeramente a "cosas colocadas unas al lado de otras", en fila. Semejante a como se colocan las letras del alfabeto, (ABC, etcétera) y ratificando que el aprender el alfabeto es la primera lección en la educación. En la cultura, viene a dar el significado de rudimentos o principios básicos.

2:9,10 *"Porque en Él habita corporalmente toda la plenitud de la Deidad, y vosotros estáis completos en Él, que es la cabeza de todo principado y potestad".*

NOTA DOCTRINAL

Para desvanecer herejías que hacían dudar sobre la divinidad de Jesús, como el Cristo, el Apóstol manifestó con esta declaración que Jesús mismo es Dios. Una falsa enseñanza que se relacionaba con esto y que circuló en la iglesia primitiva, se llamó Docetismo, la cual proclamaba que Jesús no tuvo un cuerpo humano, que simplemente aparentó tener uno. Otra falsa enseñanza fue llamada Cerintianismo (por Cerinto, su propagador), que decía que el "Jesucristo hombre" era distinto del "Cristo espiritual". Estas ideologías eran enseñadas por los opositores al evangelio, por lo que el Apóstol describe a Cristo como en otras Epístolas, con toda Su divinidad. Siendo de la misma esencia con el Padre y el Espíritu Santo, es decir, enfatizando que el Hijo es consubstancial con el Padre y con el Espíritu, y no tan sólo similar, enfatizando que la plenitud de la deidad reside en Cristo corporalmente. Por lo tanto, nuestra fe descansa no en algún espíritu creado como los ángeles, sino en Jesucristo mismo, *"que es la cabeza de todo principado y potestad",* superior a todo ser creado. Las falsas enseñanzas entre los colosenses dirigían la atención a seres espirituales de menor rango, por lo que Pablo declara explícitamente que el Señorío de Jesús está muy por encima de todo lo que exista.

2:11-13 *"En Él también fuisteis circuncidados con circuncisión no hecha a mano, al echar de vosotros el cuerpo pecaminoso carnal, en la circuncisión de Cristo;* "Cuando ustedes llegaron a Cristo, fueron circuncidados, pero no mediante un procedimiento corporal. Cristo llevó a cabo una circuncisión espiritual, es decir, les quitó la naturaleza pecaminosa" (Biblia NTV). *¹²sepultados con Él en el bautismo, en el cual fuisteis también resucitados con Él, mediante la fe en el poder de Dios que le levantó de los muertos.* "Pues ustedes fueron sepultados con Cristo cuando se bautizaron. Y con Él también fueron resucitados para vivir una vida nueva, debido a que confiaron en el gran poder de Dios quién levantó a Cristo de los muertos" (Biblia NTV).

Muy probablemente, la iglesia de Colosas estaba conformada en su mayoría por gentiles, quienes por cuestión cultural no veían la circuncisión de manera obligatoria, y ante eso, el maestro de los gentiles les refiere que ellos *"han sido circuncidados"* ahora, pero de manera espiritual. Es de entenderse que, si el Apóstol menciona el tema en la carta, es porque ya los maestros judaizantes los estaban asechando y presionando para que lo hicieran como un complemento para su vida cristiana y mostrar mayor santidad al Señor. (A diferencia de lo que les sucedía a los cristianos de Galacia, en donde les insistían en la circuncisión para completar su salvación).

Lo que la circuncisión era para los judíos, el bautismo fue para los cristianos. Una señal clara ante todo el mundo de que se obedecía el mandato de Cristo, ilustrando perfectamente la identificación con la muerte y resurrección de Jesús.

Una hermosa figura: El creyente es sepultado bajo el agua y es sepultado con Jesús. Por consecuencia también el creyente resucita con Él, al salir del agua. Jamás el Apóstol declaró que la circuncisión y el bautismo fueran la misma cosa o con el mismo valor, sin embargo, si reafirmó que la circuncisión es innecesaria para la salvación.

¹³Y a vosotros, estando muertos en pecados y en la incircuncisión de vuestra carne, os dio vida juntamente con Él, perdonándoos todos los pecados, Perdonándoos es una forma verbal de la antigua palabra griega, *charis* (gracia), es decir, que somos perdonados por gracia. Para describir la obra de Jesús en su pueblo salvo, el gran misionero, describe una serie de escenas que eran altamente conocidas en el mundo romano. La palabra griega *jeirografón*, usada por el apóstol Pablo que se traduce como acta de los decretos, quiere decir literalmente "autógrafo", algo totalmente entendible para los habitantes del siglo I. Esta imagen se refiere a una persona que había contraído una deuda y para reconocerlo formal y oficialmente, el deudor lo sellaba con su rúbrica, o su firma. De tal forma, que legalmente este hombre estaba atado a una lista interminable de sucesos que el mismo había originado. Lo que el apóstol Pablo estaba transmitiendo era que todos los hombres tenían una deuda rubricada por sus mismos actos corruptos, y lo estaban eternamente con Dios.

2:14,15 *"anulando el acta de los decretos que había contra nosotros, que nos era contraria, quitándola de en medio y clavándola en la cruz,* "Él anuló el acta con los cargos que había contra nosotros y la eliminó clavándola en la cruz" (Biblia NTV).

¹⁵y despojando a los principados y a las potestades, los exhibió públicamente, triunfando sobre ellos en la cruz." "De esa manera desarmó a los gobernantes y a las autoridades espirituales. Los avergonzó públicamente con su victoria sobre ellos en la cruz" (Biblia NTV).

 **NOTA HISTÓRICA**

¿Cuál fue la forma en que Pablo deseaba que sus lectores entendieran el significado de anular?, precisamente, haciendo uso del verbo *exaleifein*. Esto se explica de la siguiente manera: el material en que se escribían los documentos antiguos era el papiro, una especie de papel que se hacía con una especie de juncos, o las pieles de ciertos animales; los dos eran bastante caros, y no se podían malgastar. La tinta antigua no contenía alcalinos que dañaran el material, dado que se secaba sobre la superficie del papel sin descomponerlo como hace la tinta moderna. En ocasiones el escriba, para ahorrar papel, usaba un papiro o pergamino de segunda mano, es decir, donde ya se había escrito. Para limpiarlo y hacer uso nuevo de éste, se servía de una esponja y borraba lo que estuviera escrito. Como la tinta estaba sólo en la superficie del papel, se podía dejar como nuevo. **Es decir, anulaba lo escrito anteriormente.**

> **NOTA DOCTRINAL**
>
> Así explicó el apóstol, la gracia del Cordero, quien con su sangre borró la interminable lista de pecados, al grado que parecía como si nunca hubieran sido escritos en contra nuestra. Y para confirmación de esta nueva libertad, la clavó en la cruz para que los seres espirituales contrarios fueran notificados, algo similar a lo que hacían los romanos al exhibir una cancelación de ley. La colgaban en una tabla, traspasada con un clavo que la sostuviera, de tal manera que todos los ciudadanos interesados pudieran leerla y fueran notificados de manera oficial. Se canceló tu condena. ¡Gloria a Dios!

Se podrían mencionar tres fuerzas poderosas que se opusieron férreamente contra el ministerio de Cristo, hasta llevarlo a la muerte:

➢ el poderoso imperio romano, quien ejecutó la muerte más denigrante que pudieran mostrar al condenado;
➢ los religiosos de la nación de Israel, quienes no aceptaron al Mesías y pidieron crucificarlo como muestra absoluta del rechazo a su ministerio;
➢ las fuerzas espirituales satánicas que obraron en todo tiempo contra Jesús.

Los tres unidos y los tres vencidos a la vez.

Jesús, ahora sentado a la diestra del Padre, reinando igual en poderío y majestad y también intercediendo por los creyentes como sacerdote fiel que puede compadecerse de los suyos. Y como Señor de su pueblo en toda la tierra.

despojando a los principados y a las potestades, los exhibió públicamente, triunfando sobre ellos en la cruz." "Los despojó". Esto quiere decir quitarle las armas y la armadura a un enemigo vencido. De una vez para siempre Jesús quebrantó su poder. Los expuso a la vergüenza pública y los llevó cautivos en su desfile triunfal. La alegoría se refiere al triunfo de un general romano que hubiera obtenido una victoria importante y se le concediera desfilar con su ejército victorioso por las calles de Roma llevando tras sí a los reyes y gobernantes de los pueblos que había vencido. Los mostraba públicamente como su botín. Pablo piensa en Jesús como conquistador desfilando en un triunfo cósmico, llevando detrás los poderes del mal, para que todos los puedan ver derrotados para siempre.

2:16-19 "*Por tanto, nadie os juzgue en comida o en bebida, o en cuanto a días de fiesta, luna nueva o días de reposo,* (*por lo tanto, no permitan que nadie los condene por lo que comen o beben, o porque no celebran ciertos días santos ni ceremonias por luna nueva ni los días de descanso*) Biblia NTV.

Los creyentes que pretendían escandalizar en la fe a los colosenses eran de trasfondo judío. Se entiende así por el hecho de que el Apóstol les hace ver que ya se había enterado que estaban siendo estorbados o presionados para practicar ciertos ritos que ya no les correspondían a los cristianos. Al mencionar los novilunios, días de reposo o días de fiesta, puede estar refiriéndose a la celebración semanal del *Shabbat* (práctica que comienza el viernes por la noche y sigue todo el día sábado, hasta ponerse el sol) y posteriormente a las festividades judías como la de los tabernáculos, la del pentecostés, etc. Los judíos que rechazaron el ministerio de Jesús se dedicaban a confundir a los que abrazaban la fe del Cristo resucitado, tan así, que recalcaban no consumir las comidas que para los judíos estaban prohibidas en la ley.

¹⁷todo lo cual es sombra de lo que ha de venir; pero el cuerpo es de Cristo. *(pues esas reglas son solo sombras de la realidad que vendrá. Y Cristo mismo es esa realidad)* Biblia NTV

¹⁸Nadie os prive de vuestro premio, afectando humildad y culto a los ángeles, entrometiéndose en lo que no ha visto, vanamente hinchado por su propia mente carnal, *(no dejen que los condene ninguno de aquellos que insisten en una religiosa abnegación o en el culto -adoración- a los ángeles, al afirmar que han tenido visiones sobre estas cosas. Su mente pecaminosa los ha llenado de arrogancia)* Biblia NTV.

NOTA DOCTRINAL

> La Biblia Vida Plena (antes Biblia de Estudio Pentecostal.) pág. 1712 comenta: Para Pablo, el invocar a los ángeles sería reemplazar a Jesucristo como la suprema y suficiente cabeza de la iglesia (v.19). Hoy día la creencia de que Jesucristo no es el único mediador entre Dios y los seres humanos se practica en la adoración y oración a los santos muertos, quienes se suponen que obran como protectores y mediadores. Debe rechazarse la adoración y la oración a cualquier otro que no sea Dios el Padre, el Hijo y el Espíritu Santo, porque eso no lo respalda la Biblia.

¹⁹y no asiéndose de la Cabeza, en virtud de quien todo el cuerpo, nutriéndose y uniéndose por las coyunturas y ligamentos, crece con el crecimiento que da Dios" *(Y no están unidos a Cristo, la cabeza del cuerpo. Pues el mantiene todo el cuerpo unido con las articulaciones y los ligamentos, el cual va creciendo a medida que Dios lo nutre)* Biblia NTV.

2:20-23 *"Pues si habéis muerto con Cristo en cuanto a los rudimentos del mundo, ¿por qué, como si vivieseis en el mundo, os sometéis a preceptos"* *(Ustedes han muerto con Cristo, y Él los ha rescatado de los poderes espirituales de este mundo. Entonces, ¿Por qué siguen cumpliendo las reglas del mundo, tales como:)* Biblia NTV

²¹ *"tales como: No manejes, ni gustes, ni aun toques"* *(¡No toques esto! ¡No pruebes eso! ¡No te acerques a aquello!?* Biblia NTV

²² *"(en conformidad a mandamientos y doctrinas de hombres), cosas que todas se destruyen con el uso?"* *(esas reglas son simples enseñanzas humanas acerca de cosas que se deterioran con el uso)* Biblia NTV

²³ *"Tales cosas tienen a la verdad cierta reputación de sabiduría en culto voluntario, en humildad y en duro trato del cuerpo; pero no tienen valor alguno contra los apetitos de la carne".* *(Podrán parecer sabias porque exigen una gran devoción, una religiosa abnegación y una severa disciplina corporal; pero a una persona no le ofrecen ninguna ayuda para vencer sus malos deseos)* Biblia NTV

El legalismo añadió carga a los que deseaban sentirse ligeros en su caminar con Cristo. El apóstol Pablo, les pone este condicional... *si habéis...* allí espera encontrar a los cristianos en plena libertad para vivir y disfrutar su vida en Él. Los colosenses deben recordar que son ahora semejantes a Jesús en su muerte y también en su resurrección, por lo tanto, no debían guardar la ley como en el antiguo pacto. La religión judía se basaba en comer y beber ciertas clases de alimentos y bebidas, y de abstenerse de otras; en la observancia del sábado y cosas por el estilo, que fueron una sombra de la verdadera religión, que ya les había llegado a los colosenses, a través de una relación personal con Cristo.

Pablo pasa ahora a resumir estos preceptos, ridiculizándolos en forma punzante, usando un lenguaje sentencioso y proverbial: *no manejes, no gustes, no toques.* Es como si dijera, no tienen por qué someterse a toda una serie de "no hagas", como si por medio de acumular suficientes negativos fueran alguna vez a obtener un positivo, o como si se pudiera lograr la victoria sobre el pecado y el camino a la santificación, basando todo en el evitar absoluto.

Todo esto lo hacían humillando su cuerpo, pero cualquier práctica humana en donde no haya intervención divina, jamás apagará los dardos de la carne. Esos deseos sólo se vencen viviendo en el espíritu y con la permanente ayuda del Espíritu Santo. Cuando la persona se somete a seguir reglas *en humildad y en duro trato del cuerpo*, únicamente fortalece su orgullo religioso, buscando la santidad en méritos totalmente humanos.

EPÍSTOLA A LOS COLOSENSES

CAPÍTULO 3

Plenitud de vida en Cristo, Col 3:1-4

3:1-4 *"Si, pues, habéis resucitado con Cristo, buscad las cosas de arriba, donde está Cristo sentado a la diestra de Dios.* "ser resucitados junto con", es el significado original del verbo. En virtud de su unión con Cristo, los creyentes pasaron en sentido espiritual por su muerte y resurrección en el momento de su conversión, y ahora están vivos en Él.

Sí, pues, habéis resucitado con Cristo, buscad las cosas de arriba, los colosenses han resucitado con Cristo, y sus vidas deben ser diferentes. Sus intereses deben estar enfocados en Cristo; sus mentes, sus deseos, ambiciones y en realidad toda su perspectiva completa, han de estar centrados en el reino celestial donde Él gobierna y a donde pertenecen definitivamente sus vidas. Para ello se requiere de un esfuerzo continuo, porque tal concentración no viene automáticamente.

El apóstol le recuerda a los colosenses que las regulaciones ascéticas (al estilo de los monjes) no tienen un valor real para contener los deseos de la carne, como lo afirmó al final del capítulo previo: *"no tienen valor alguno contra los apetitos de la carne"* (2:23) El único remedio para dominar las pasiones pecaminosas, se encuentra en la comunión diaria del creyente con Cristo y con su Espíritu.

La base para la apelación de Pablo de ocupar la mente en las cosas de arriba es doble:

- ➲ Primero, han muerto a ese viejo orden con sus poderes espirituales, sus disciplinas de autonegación y reglas esclavizantes, sus experiencias místicas e inútil adoración centrada en ellos mismos.
- ➲ Segundo, su nueva vida está escondida con Cristo en Dios. Centrados en Dios significa que su vida es segura y nadie puede tocarla allí.

"Sentado a la diestra de Dios": la posición suprema de honor y majestad que Cristo disfruta como el Hijo exaltado de Dios. (Biblia MacArthur pág.1688).

 **NOTA DOCTRINAL**

Las siguientes son citas en donde se observa claramente el lugar del Señor Jesucristo a la diestra del Padre: Salmo 110:1; Lucas 22:69; Hechos 2:33; 5:31; 7:56; Efesios 1:20; Colosenses 3:1; Hebreos 1:3; 8:1; 1 Pedro 3:22, incluyendo el privilegio del mártir Esteban que *"vio la gloria de Dios y a Jesús que estaba a la diestra de Dios"* Hch 7:54), así como el esposo es la cabeza de la esposa.

²*Poned la mira en las cosas de arriba, no en las de la tierra.* ³*Porque habéis muerto, y vuestra vida está escondida con Cristo en Dios.* Esto es lo que debe ser la vida diaria de cada cristiano: buscar las cosas de arriba, poner la mirada en las cosas de arriba, pensar en las cosas de arriba. Valorar, juzgar y considerar todas las cosas desde una perspectiva eterna y celestial.

El autor de la carta no les propone que se retiren de las ocupaciones y responsabilidades de este mundo y solo estén meditando en la eternidad. Pablo establece una serie de principios éticos que dejan bien claro al cristiano que se espera que continúe con su trabajo y mantenga todas sus relaciones normales; pero que considerará todas las cosas sobre el trasfondo de la eternidad, y ya no vivirá como si este mundo fuera lo único que importara.

El apóstol Pablo quiere que los creyentes de Colosas comprendan que, al bautizarse, el cristiano muere y resucita. Cuando sale del agua es como si resucitara a una nueva vida. Los pensamientos del cristiano se centran en las cosas de arriba y deja de estar obsesionado con las cosas triviales y pasajeras de la tierra.

³ *"Porque habéis muerto, y vuestra vida está escondida con Cristo en Dios"*:

⊕ Se tiene una vida espiritual común con el Padre y el Hijo (1 Co 6:17; 2 P 1:4).

⊕ El mundo no entiende todo lo que incluye la nueva vida (Ro 8:19; 1 Co 2:14; 1 Jn 3:2).

⊕ Los creyentes están asegurados por la eternidad, protegidos de todo enemigo espiritual y con acceso a todas las bendiciones de Dios (Jn 10: 28; Ro 8:31:-39; Heb 7:25; 1 P 1:4).

⁴*Cuando Cristo, vuestra vida, se manifieste, entonces vosotros también seréis manifestados con Él en gloria"* Cuando Cristo -quien es la vida de ustedes- sea revelado a todo el mundo, ustedes participarán de toda su gloria (Biblia NTV).

El poder purificador de su sangre y del Espíritu de Cristo, les ha sellado. La provisión de la gracia se ha vertido abundante. Los colosenses poseen la vida de la resurrección, por lo tanto, deben experimentarla en un grado tal, que esa unión transforme su vida entera: mente, corazón y voluntad.

Su nueva vida en Cristo no es visible para otros y, en alguna medida, está escondida de ellos mismos. Esta vida será plenamente evidente sólo cuando Jesucristo, *vuestra vida, se manifieste, entonces vosotros también seréis manifestados con él en gloria".* Verdaderamente el día de la manifestación de Jesús, será también el día de la manifestación de los verdaderos hijos de Dios.

 **PARA MEDITAR**

La vida del creyente está unida a la vida de Cristo de tal manera que las dos no pueden ser separadas. El apóstol Pablo agrega en otra carta: *"Y el mismo Dios de paz os santifique por completo; y todo vuestro ser, espíritu, alma y cuerpo sea guardado irreprensible para la venida de nuestro Señor Jesucristo".* (1 Tes. 5:23). He aquí una promesa maravillosa de que el creyente compartirá la gloria del Hijo de Dios.

La vida antigua y la nueva, Col 3:5-17

3:5-8 *"Haced morir, pues, lo terrenal en vosotros: fornicación, impureza, pasiones desordenadas, malos deseos y avaricia, que es idolatría; "Así que hagan morir las cosas pecaminosas y terrenales que acechan dentro de ustedes. No tengan nada que ver con la inmoralidad sexual, la impureza, las bajas pasiones y los malos deseos. No sean avaros, pues la persona avara es idólatra porque adora las cosas de este mundo"* (Biblia NTV).

⁶cosas por las cuales la ira de Dios viene sobre los hijos de desobediencia, ⁷en las cuales vosotros también anduvisteis en otro tiempo cuando vivíais en ellas. ⁸Pero ahora dejad también vosotros todas estas cosas: ira, enojo, malicia, blasfemia, palabras deshonestas de vuestra boca. "A causa de esos pecados viene la furia de Dios. Ustedes solían hacer esas cosas cuando su vida aún formaba parte de este mundo, pero ahora es el momento de eliminar el enojo, la furia, el comportamiento malicioso, la calumnia y el lenguaje sucio" (Biblia NTV).

Aquí tiene lugar la secuencia que siempre ocurre en las cartas de Pablo, después de la teología vienen las demandas éticas. Pablo podía recorrer sendas inexploradas de pensamiento, escalar cimas de contemplación, pero siempre presentaba una exposición ineludible y clara de las demandas éticas del Evangelio para ese tiempo y para todos los tiempos.

Pablo no sugiere que los cristianos deben estar viviendo en las nubes. Más bien, el ocupar sus mentes en las cosas de arriba resultará en una concreta obediencia a lo indicación de ***"haced morir, pues, lo terrenal en vosotros..."***. La lucha entre la carne y el Espíritu persistirá a lo largo de la vida, pero como los creyentes han muerto con Cristo, han de dar el golpe de gracia a sus malos hábitos y pensamientos.

El Apóstol hace dos listas, cada una de cinco pecados, que con términos amplios cubren infinidad de faltas. Trasgresiones conocidas en ese tiempo y de alguna manera ya incluidas aquellas que en los siglos venideros se les dio nombre.

- ❖ *fornicación (impureza sexual)*. La castidad fue una virtud totalmente nueva que aportó el cristianismo al mundo. Las relaciones sexuales antes o fuera del matrimonio se consideraban normales y eran una práctica aceptada.

- ❖ *impureza,*

- ❖ *pasiones desordenadas,* bajas pasiones.

- ❖ *malos deseos*

- ❖ *y avaricia, que es idolatría;* un deseo insaciable del alma. El peligro de la avaricia se enfatiza como un pecado que se iguala a la idolatría. Viene de dos vocablos griegos: *pleon*, que quiere decir "más", y el segundo *éjein*, que quiere decir "tener". Es básicamente el deseo de tener más. Los griegos lo definían como un deseo insaciable, y decían que era como tratar de llenar de agua un recipiente que tuviera un agujero en el fondo.

Es el deseo pecaminoso de obtener lo que pertenece a otros, es desear lo que no se tiene derecho a poseer. Es, por tanto, un pecado que tiene una gama muy amplia. Es el deseo de dinero, que conduce al robo; de prestigio, que lleva a una ambición desmedida; de poder, que inspira una tiranía sádica; el deseo de poseer a una persona, que lleva al pecado sexual.

Tales deseos, dice Pablo, son idolatría. Una persona se hace un ídolo y lo adora porque desea que le proporcione algo. La persona cuya vida está dominada por el deseo de obtener más ha puesto las cosas en el lugar que sólo le corresponde a Dios y eso es precisamente la idolatría.

Pero ahora dejad también vosotros todas estas cosas:

- *ira, enojo, (furia),*
- *malicia, (comportamiento malicioso),*
- *blasfemia,*
- *palabras deshonestas de vuestra boca. (calumnia),*
- *No mintáis los unos a los otros.*

El cristiano debe dejar la ira y el enojo, términos muy semejantes. Para el cristiano, tanto el estallido de rabia como el enojo duradero son actitudes prohibidas.

La palabra malicia viene del griego *kakía*; que es la crueldad mental de la que brotan los vicios concretos. Es una maldad inclusiva.

Los cristianos jamás deben calumniar y usar expresiones soeces, y tampoco mentir. Mucho más a otros cristianos. Cuando las expresiones insultantes se dirigen contra Dios o sus preceptos se convierten en blasfemias.

3:9-11 *No mintáis los unos a los otros, habiéndoos despojado del viejo hombre con sus hechos, ¹⁰y revestido del nuevo, el cual conforme a la imagen del que lo creó se va renovando hasta el conocimiento pleno,* (No se mientan unos a otros, porque ustedes ya se han quitado la vieja naturaleza pecaminosa y todos sus actos perversos. Vístanse con la nueva naturaleza y se renovarán a medida que aprendan a conocer a su Creador y se parezcan más a Él" (Biblia NTV).¹¹ *donde no hay griego ni judío, circuncisión ni incircuncisión, bárbaro ni escita, siervo ni libre, sino que Cristo es el todo, y en todos".* "En esta vida nueva no importa si uno es judío o gentil, si está o no circuncidado, si es inculto, incivilizado, esclavo o libre. Cristo es lo único que importa, y Él vive en todos nosotros". (Biblia NTV).

Pablo apela al compromiso hecho por los creyentes y los insta a permanecer fieles a su confesión de fe. Debían despojarse de la vieja vida y revestirse de la nueva forma de vivir que Cristo les daba y dejarse guiar por el Espíritu Santo.

NOTA HISTÓRICA

Uno de los grandes efectos del cristianismo es que derriba las barreras. El mundo antiguo estaba lleno de barreras. Los griegos miraban por encima del hombro a los bárbaros y para ellos cualquiera que no hablara griego era un bárbaro, que quiere decir literalmente el que habla diciendo "bar-bar", barbaridades; se consideraban los aristócratas del mundo antiguo. Los judíos despreciaban a las demás naciones, pues eran el pueblo escogido de Dios. Los escitas eran considerados como los más despreciables de los bárbaros; más bárbaros que los bárbaros, los consideraban casi bestias salvajes. Eran proverbialmente las hordas que amenazaban al mundo civilizado con sus atrocidades bestiales. Los esclavos ni siquiera se consideraban en las leyes antiguas como seres humanos, no eran más que herramientas vivas, sin ningún derecho. El amo podía apalear o marcar o mutilar o hasta matarlos a su capricho. No tenían derecho a casarse. No podía haber ninguna relación en el mundo antiguo entre un esclavo y un hombre libre. **El cristianismo transformó ese mundo.**

3:12-15 ¹² *"Vestíos, pues, como escogidos de Dios, santos y amados, de entrañable misericordia, de benignidad, de humildad, de mansedumbre, de paciencia;"* *"Dado que Dios los eligió para que sean su pueblo santo y amado por Él, ustedes tienen que vestirse de tierna compasión, bondad, humildad, gentileza y paciencia"* (Biblia NTV).

Pablo pasa a dar su lista de las grandes "gracias" con las que deben vestirse los colosenses. El escritor empieza dirigiéndose a los creyentes como *escogidos de Dios, consagrados y amados*. Lo significativo es que cada una de estas tres palabras pertenecía en su origen, diríamos, a los judíos. Eran ellos el pueblo escogido, la nación consagrada y los amados de Dios. Pablo, el hebreo de hebreos, toma estas tres palabras preciosas, que habían sido posesión exclusiva de Israel, y se las aplica a gentiles. Así demuestra que el amor y la gracia de Dios se habían extendido hasta lo último de la tierra, y que ya no había en su soberanía una nación especialmente privilegiada.

¹³soportándoos unos a otros, y perdonándoos unos a otros si alguno tuviere queja contra otro. De la manera que Cristo os perdonó, así también hacedlo vosotros. ¹⁴Y sobre todas estas cosas vestíos de amor, que es el vínculo perfecto. ¹⁵Y la paz de Dios gobierne en vuestros corazones, a la que asimismo fuisteis llamados en un solo cuerpo; y sed agradecidos".

"Vestíos, pues, ... de entrañable misericordia, de benignidad, de humildad, de mansedumbre, de paciencia".

Es sumamente significativo notar que cada una de las características mencionadas tiene que ver con las relaciones personales. Pero las grandes virtudes cristianas básicas son las que gobiernan las relaciones humanas. El cristianismo tiene en su lado divino el inefable don de la paz con Dios, y en su lado humano la solución victoriosa del problema de la convivencia.

Misericordia: Pablo empieza por un corazón de piedad. Si había una virtud que necesitara el mundo antiguo era la piedad. El sufrimiento de los animales no se tenía en cuenta. Los heridos y los enfermos se liquidaban. No se hacía provisión para los ancianos. El tratamiento de los dementes y de los minusválidos era sencillamente despiadado. El cristianismo trajo la misericordia al mundo.

Los escritores antiguos definían la amabilidad, como la virtud de una persona que le llevaba a desear que el bien de su prójimo fuera tan bueno como el suyo. La bondad es a veces rígida; pero también amable, aquella que mostró Jesús con la mujer pecadora que le ungió los pies (Lucas 7: 37-50). No cabe duda de que Simón el fariseo era un buen hombre, pero Jesús era más que bueno.

Humildad: En el griego clásico no había una palabra para humildad que no contuviera el matiz de servilismo; pero la humildad cristiana no es algo rastrero. La humildad se basa en la creencia de que todos los seres humanos son hijos de Dios; y no hay lugar para la arrogancia cuando estamos viviendo entre semejantes que son todos de linaje real.

La paciencia, es el hecho de no ser impacientes con los demás. La torpeza y la insensatez no le producen cinismo o desesperación; los insultos y los malos tratos recibidos no le hacen resentido ni enojado. La paciencia humana es un reflejo de la paciencia divina, que soporta todo nuestro pecado y nunca nos desecha.

"soportándoos unos a otros, y perdonándoos unos a otros si alguno tuviere queja contra otro". El cristiano soporta y perdona, porque el que ha sido perdonado debe perdonar siempre. Como Dios le perdonó, así debe perdonar a los demás, porque sólo perdonando se puede ser perdonado.

Pablo añade una más a las virtudes y las "gracias": la que él llama el **"vínculo perfecto del amor"**.

El amor es el poder que vincula y mantiene unido todo el cuerpo de Cristo. La tendencia de cualquier cuerpo de personas es a disgregarse tarde o temprano. El amor es el único vínculo que puede mantenerlas en una comunión inquebrantable.

"Y la paz de Dios gobierne en vuestros corazones". Entonces Pablo usa una alegoría: Que la paz de Dios sea la que lo decida todo en los corazones de los creyentes. Lo que quiere decir literalmente: Que la paz de Dios sea el árbitro en el corazón. Usa un verbo que viene del campo de los deportes; es la palabra que se refiere al árbitro que decide las cosas discutibles. Si la paz de Cristo es el árbitro en el corazón, entonces, cuando los sentimientos estén en conflicto y haya un impulso en dos sentidos opuestos, la decisión de Cristo nos mantendrá en el camino del amor, y la Iglesia se mantendrá como el cuerpo que está destinada a ser. El camino del recto proceder es nombrar a Jesucristo árbitro entre las emociones conflictivas del corazón y aceptar las decisiones divinas. Así no erraremos.

3:16,17 *"La palabra de Cristo more en abundancia en vosotros, enseñándoos y exhortándoos unos a otros en toda sabiduría, cantando con gracia en vuestros corazones al Señor con salmos e himnos y cánticos espirituales. ¹⁷Y todo lo que hacéis, sea de palabra o de hecho, hacedlo todo en el nombre del Señor Jesús, dando gracias a Dios Padre por medio de él".*

Para meditar

Constantemente se debe leer y estudiar la palabra del Señor. Meditar en ella y acompañarla con oración, hasta que sea parte de nuestro lenguaje. Cada creyente debe desarrollar una estrategia para lograrlo, según los horarios y actividades propias. No basta con oír o leer en los servicios regulares de la iglesia, a los que se asiste. Una buena práctica, además de disfrutar la Biblia en forma escrita, es leer la Palabra en el teléfono o en la computadora.

"cantando con gracia en vuestros corazones al Señor con salmos e himnos y cánticos espirituales". El objetivo de cantar himnos o canciones espirituales, no es el entretenimiento ni el engrandecimiento de alguna persona, sino la adoración y la alabanza a Dios (Ro 15:9-11; Ap 5:9,10), además, las canciones de espirituales son para edificación, enseñanza, acción de gracias y oración (Biblia de Estudio Pentecostal, pág. 1694).

hacedlo todo en el nombre del Señor Jesús, dando gracias a Dios Padre por medio de él" Pablo da el gran principio para la vida de que todo lo que hagamos o digamos ha de ser en el nombre de Jesús. Uno de los mejores premios para una acción sometida al señorío de Cristo, es que no errará jamás.

Deberes sociales de la nueva vida, Col 3:18-25

3:18-25 *"Casadas, estad sujetas a vuestros maridos, como conviene en el Señor. ¹⁹Maridos, amad a vuestras mujeres, y no seáis ásperos con ellas. ²⁰Hijos, obedeced a vuestros padres en todo, porque esto agrada al Señor. ²¹Padres, no exasperéis a vuestros hijos, para que no se desalienten. ²²Siervos, obedeced en todo a vuestros amos terrenales, no sirviendo al ojo, como los que quieren agradar a los hombres, sino con corazón sincero, temiendo a Dios. ²³Y todo lo que hagáis, hacedlo de corazón, como para el Señor y no para los hombres; ²⁴sabiendo que del Señor recibiréis la recompensa de la herencia, porque a Cristo el Señor servís. ²⁵Mas el que hace injusticia, recibirá la injusticia que hiciere, porque no hay acepción de personas".*

Esta guía familiar, como se ha llamado, pudo haber formado parte de una sección mayor de enseñanza doctrinal y ética, fácil de aprender de memoria y de comunicar a los nuevos convertidos. Este pasaje regula los modelos de conducta en un hogar cristiano. Estos párrafos refiriéndose a cuestiones diarias de la vida, incluyen siempre al Señor, indicando que la totalidad de la vida, tanto en pensamientos como en conducta, ha de someterse a Dios. Ninguna área debe quedar fuera de su control, de tal forma que no haya distinción entre lo sagrado y lo secular.

Tres pares de instrucciones se dirigen sucesivamente: a las esposas y a los esposos; a padres e hijos, especialmente al padre; y a la relación amos-esclavos. De la relación más cercana a la relación más lejana. En cada caso la esposa, el hijo o el esclavo se mencionan primero y se les concibe como socios responsables de quienes se espera, hagan su parte de la mejor manera.

Las esposas, como agentes responsables y libres, se les pide que se sujeten voluntariamente a sus maridos ya que esto conviene. La sujeción es un llamado a que las esposas honren y afirmen el liderazgo de sus esposos y les ayuden a ejercer su función en la familia. No se trata de una rendición absoluta de su voluntad, o de que la esposa sea inferior a su esposo. El paralelo se halla en el deber del esposo de amar a su esposa. Se le manda amarla, (igual que como les pide cuatro veces a los esposos efesios) y esto no es nada más un asunto de tener para ella sentimientos afectivos o de atracción sexual; sino más bien de un cuidado especial a favor de su total bienestar.

El amor de Cristo por la iglesia, Pablo en Efesios 5:25, lo pone como un modelo para el amor del marido por su esposa. El liderazgo del marido, como el de Cristo, dispuesto a sacrificarse, ayudará a mantener en vista siempre el bienestar esencial de la esposa y como beneficio directo, toda la familia. Como líder piadoso, cumplirá con la petición del Apóstol: *no seáis ásperos con ellas.*

[20] Hijos, obedeced a vuestros padres en todo, porque esto agrada al Señor. Los tiempos han cambiado en las relaciones dentro del hogar y no siempre para bien, por ello esta recomendación es muy importante. Al mismo tiempo se señala que los padres (en especial el padre) no deben irritar ni provocar a sus hijos para que no se desalienten o lleguen a pensar que es inútil tratar de agradar a sus padres en la vida hogareña. Deberían, pues, ser guiados de una manera firme y amorosa, pero no tirana.

[22] Siervos, obedeced en todo a vuestros amos terrenales, Pablo no hace una reflexión a favor o en contra de esta dolorosa práctica, pero da aliento especial a los esclavos. La enseñanza en esta sección se aplica al mundo del trabajo de hoy en día y muestra que la motivación de un trabajador y sus normas de trabajo han de ser las mejores posibles, ya que debe hacerlo por amor de Cristo. Los trabajadores cristianos deben aceptar su situación y obedecer en todo a sus patrones o jefes. Su servicio no debe ser superficial o como para ganar atención; al contrario, debe ser hecho con sencillez de corazón, es decir, conscientemente y con motivos puros. Todo lo que ellos hagan en su trabajo debe estar motivado en su servicio a Cristo. Y cuando esto se hace así el trabajo cobra una nueva dimensión, a pesar de las injusticias o posible explotación. *[25] Mas el que hace injusticia, recibirá la injusticia que hiciere, porque no hay acepción de personas".*

[23] Y todo lo que hagáis, hacedlo de corazón, como para el Señor y no para los hombres; [24] sabiendo que del Señor recibiréis la recompensa de la herencia, porque a Cristo el Señor servís.

No se aplica esta porción, sólo a los siervos, sino a todos los cristianos. Bien pudiera ser un mandamiento, agregado a los diez.

PARA MEDITAR

Todos, cada día realizamos actividades en el hogar, en el trabajo, en la sociedad y en la iglesia. Algunas tienen paga cuando son parte de las obligaciones contractuales, la mayoría son voluntarias. Los cuidados a los padres, la atención a los hijos, la cooperación en el vecindario, las responsabilidades cívicas, generalmente no tienen remuneración monetaria; pero nos llenan de tanta satisfacción, cuando las hacemos, *como para el Señor y no para los hombres.* El servicio toma una nueva dimensión y la falta de gratitud y reconocimiento se pasa por alto.

EPÍSTOLA DEL APÓSTOL PABLO A FILEMÓN

Escritor:
Pbro. David Medina Pérez

Editores:
Rev. David L. Aguillón
Dr. Teófilo Aguillón

Diseño y relaciones públicas:
Joel Aguillón
Rubén D. Aguillón
Eduardo Canché V.
Kelly G. Palomino

INTRODUCCIÓN

LA Epístola a Filemón es un escrito muy personal del Apóstol Pablo, que redactó estando en prisión en Roma. La carta es parte de las denominadas "Cartas de la prisión", junto a Efesios, Filipenses y Colosenses. Tíquico la llevó a Filemón junto con la Carta a los Colosenses, acompañado de Onésimo quien regresaba a su amo gracias a la persuasión de Pablo. En ambas epístolas se menciona a Arquipo, Epafras, Aristarco, Demas y Lucas. (cf. Colosenses 4:10, 12, 14, 17). Es la epístola más breve de Pablo, tratando preponderantemente el tema de la esclavitud.

Ocasión y propósito

La Carta a Filemón, es una súplica en favor de Onésimo, quien se convirtió en Roma bajo el ministerio de Pablo. Onésimo, conforme a la Ley Romana le pertenecía a Filemón como su esclavo; se escapó de él, y "providencialmente" llegó a Roma en donde Pablo estaba preso, y allí lo atrapó el "Amo Mayor".

En la carta se observa un clamor intercesor compasivo de Pablo, hacia Filemón, un propietario de esclavos, quien podía conforme a la Ley Romana castigar con la muerte a Onésimo, por ser un esclavo fugitivo. Pero ahora tanto Filemón como Onésimo, son hermanos en Cristo y sus valores están bajo la perspectiva supracultural de Cristo y no por la cultura legal de Roma. "...en Cristo ya no hay esclavos ni libres...todos somos uno en Cristo Jesús". (Gálatas 3:28).

Pablo apelaba al amor cristiano que Filemón ya había mostrado en otras ocasiones: " porque por ti, oh hermano, han sido consolados los corazones de los santos" (v. 7). Su hogar, además, se había abierto como fue característico de los primeros tiempos, en una "casa-culto... "la iglesia que está en tu casa" (v.2). Las iglesias en los hogares eran comunes en tiempos de la iglesia primitiva; se cree que hasta el siglo III se construyeron templos, y hasta este tiempo, los hermanos se congregaban en las casas de los creyentes.

Paternidad literaria

El autor evidencia su autoría internamente en la salutación, y en otros versículos de la misma carta (vv. 9 y 19). Las frases que utiliza se encuentran en otras Epístolas de su autoría (cf. v. 4 con Filipenses 1: 3,4). La evidencia externa se confirma al formar parte del canon de Marción y del Canon Muratorio, en un listado de año 170 d.C. en el que se menciona a Pablo como el autor de la Carta a Filemón

Destinatario

La Epístola se la dirige a un convertido suyo, llamado Filemón (v. 19). Se deduce que por tener una casa suficiente grande para albergar una iglesia y poseer esclavos (v.2) este varón era un próspero habitante de Colosas. Pablo lo llama amado y colaborador nuestro. (v. 1). Además, entre los receptores de la carta también se encuentran los miembros de la "iglesia que está en tu casa".

Ubicación histórica y geográfica

El apóstol Pablo la escribió estando en la cárcel. (v. 9) durante su primer encarcelamiento en Roma, aproximadamente en el verano del 62 D.C. (Hch 28:16-31).

En el tiempo en que se escribió la Epístola, la esclavitud en Roma era una situación social común, millones de habitantes eran esclavos. En ese vasto imperio los habitantes se dividían en libres y esclavos; estos últimos trabajaban para los pobladores libres, como parte de su enramado sistema económico, que tristemente (para el sentir cristiano) la gran mayoría dominante aceptaba.

Era variada la forma en que se llegaba a ser esclavo, podría ser por nacimiento, por ser prisionero de guerra, por condena judicial y por venta. Sin embargo, también existían procedimientos legales para llegar a ser "libertos" es decir, dejar de ser esclavos. Entre otros: comprar por sí mismo la libertad con sus ahorros, por testamento, por inscripción como ciudadano por parte del amo y finalmente por méritos propios. En este acto solemne se hacía un ritual que consistía en tocar al esclavo en sus hombros con un bastón, en presencia de testigos.

Existían dos tipos de esclavos, los públicos y los privados. Los primeros servían al Estado, trabajando en empresas del Imperio; una de las ocupaciones públicas más penosas era en las minas, en estos lugares de servicio morían por centenas de ellos diariamente. Por otra parte, los

esclavos privados ayudaban en los trabajos domésticos y de campo perteneciente a alguna familia adinerada. Generalmente para estos el trato era más humanitario. En este modelo de esclavitud vivía Onésimo el esclavo de Filemón.

En el Nuevo Testamento no se vuelve a mencionar a Onésimo, sin embargo, aproximadamente cincuenta años después, Ignacio de Antioquía escribió una carta al obispo Onésimo (Carta a los Efesios, 1), líder de la iglesia de Éfeso. Pudiera ser que se refiriera al mismísimo Onésimo.

Breve bosquejo

A. Saludos convencionales (1-3)

B. Acción de gracias por la vida de Filemón (4-7)

    1. Vivía una vida de amor y fe

    2. Confortaba los corazones

C. El ruego de Pablo a Filemón por Onésimo (8-22)

    1. Era una petición en lugar de una imposición (8-11)

    2. Llevaba una encomienda voluntaria. (12-16)

    3. Una petición sustitutiva (17-19)

    4. Un ruego que esperaba una respuesta (20-21)

D. Bendiciones finales (22-25)

    1. Una pronta visita del Apóstol (22)

    2. Bendición para sus compañeros y colaboradores (23-24)

    3. Una bendición de gracia (25)

EPÍSTOLA A FILEMÓN

Salutación, Flm 1-3

1:1-3 *Pablo, prisionero de Jesucristo, y el hermano Timoteo, al amado Filemón, colaborador nuestro, ²y a la amada hermana Apia, y a Arquipo nuestro compañero de milicia, y a la iglesia que está en tu casa: ³Gracia y paz a vosotros, de Dios nuestro Padre y del Señor Jesucristo.*

Pablo, prisionero de Jesucristo, y el hermano Timoteo. El Apóstol Pablo acorde a su estilo se identifica como el autor de la carta, de igual manera también como prisionero de Cristo por causa de la obra. Si bien Nerón, el emperador Romano lo tenía cautivo, él era libre y al mismo tiempo esclavo de Cristo.

Aunque escribía desde una prisión romana (v. 9), acompañado del fiel Timoteo, el Apóstol volaba en alas de libertad. (no menciona Pablo en esta ocasión a otros miembros de su equipo, a quienes posiblemente había enviado en alguna misión).

El destinatario de esta pequeña carta fue el **amado Filemón,** un líder de la iglesia de Colosas, convertido bajo el ministerio de Pablo, a quien Pablo lo llama **colaborador nuestro.** Era un hombre próspero, propietario de Onésimo, y posiblemente de otros esclavos más.

Pablo saluda a dos personajes cercanos a Filemón, *a la amada hermana Apia* se cree que era la esposa de Filemón *y Arquipo* su hijo. Pablo lo llama **compañero de milicia** (v. 2), en la Epístola a los Colosenses lo llama *"amado hermano, fiel ministro y consiervo en el Señor"* (Co 4:17). Además, se menciona que en la casa de Filemón (v.2) se congregaba una iglesia, lo cual fue común durante los primeros siglos.

 **PARA MEDITAR**

> En la época apostólica de la iglesia, se evidencia que las reuniones de la iglesia eran en casa. (cf. Ro 16:5, 1 Co 16:19). Los creyentes ponían a disposición sus hogares para la adoración a Dios. Unos siglos después, en el tiempo del emperador Constantino se comenzaron a utilizar templos también para los servicios eclesiásticos. ¡Qué maravillosa combinación! Templos y casas para reunirse como iglesia; en el contexto actual urbano esta práctica es de mucha utilidad para la evangelización y el discipulado.

La salutación, *Gracia y paz a vosotros, de Dios nuestro Padre y del Señor Jesucristo,* es la acostumbrada por Pablo. Es semejante a la que aparece en Romanos, en 2 de Corintios, Gálatas, Efesios y Filipenses. El saludo en sí tiene dos aspectos, comprende la gracia de nuestro Señor Jesucristo, y la paz de Dios. Gracia (griego: *Jaris*) era el saludo común entre los griegos y paz (hebreo *Shalom*), era el saludo ordinario entre los hebreos, indicando que todas las bendiciones provienen de Dios el Padre, por medio de Cristo.

Acción de gracias por la vida de Filemón, Flm 1:4-7

1:4-7 *"Doy gracias a mi Dios, haciendo siempre memoria de ti en mis oraciones, ⁵porque oigo del amor y de la fe que tienes hacia el Señor Jesús, y para con todos los santos; ⁶para que la participación de tu fe sea eficaz en el conocimiento de todo el bien que está en vosotros por Cristo Jesús. ⁷Pues tenemos gran gozo y consolación en tu amor, porque por ti, oh, hermano, han sido confortados los corazones de los santos".*

Casi todas las cartas de Pablo, excepto Gálatas, en su introducción comienzan agradeciendo a Dios por algo. Aquí: —*"Doy gracias a mi Dios, haciendo siempre memoria de ti en mis oraciones".* La vida de Filemón era tan de buen testimonio, que motivaba a Pablo a dar gracias a Dios por sus acciones a favor de otros.

Pablo especifica el porqué de su acción de gracias: —*"Porque oigo del amor, y fe que tienes hacia el Señor Jesús, y para con todos los santos".* El Apóstol escuchaba continuamente buenas cosas de Filemón, de cómo andaba en amor y fe para con el Señor Jesús y para con todos los hermanos. Se puntualiza que era un genuino discípulo del Señor (Juan 13:35) porque lo demostraba no solamente con palabras sino con acciones. (Ro 13:1-7), además de su notoria fe, que resaltaba su fidelidad al Señor.

Estos dos pilares fundamentales del cristianismo los vivía el receptor de esta inspiradora epístola de Pablo.

PARA MEDITAR

Ojalá se pueda seguir el ejemplo de Filemón, quien fue para el Apóstol un sentido motivo de agradecimiento a Dios. Una buena pregunta sería: ¿Por cuántos hermanos en Cristo, que usted conoce se prorrumpe en alabanzas de agradecimiento a Dios?, esperamos que por muchos. Filemón manifestaban un amor profundo por sus hermanos y lo demostraban con sus acciones, por eso Pablo no dudó en hacerle la importante petición sobre Onésimo.

La petición de Pablo sobre Filemón era para que su fe fuera de ejemplo para los demás: *Para que la participación de tu fe sea eficaz en el conocimiento de todo bien que está en vosotros por Cristo Jesús.*

La Biblia NTV (Nueva Traducción Viviente) lo dice así: *"Pido a Dios que pongas en práctica la generosidad que proviene de tu fe a medida que comprendes y vives todo lo bueno que tenemos en Cristo"*

Conforme Filemón comprendía lo que tenía en Cristo su fe sería más eficaz, de bendición para otros y así hacer toda buena obra a los demás, incluido su esclavo Onésimo (vv. 17,18).

El testimonio de Filemón ocasionó **gran gozo y consolación,** fue de motivación y estímulo para sus hermanos en Colosas y para el mismo Pablo que se encontraba en prisión *"porque por ti, oh, hermano,* *han sido confortados los corazones de los santos"*. El Apóstol manda a reconocer en la iglesia de Corinto a tales personas que como Filemón confortan los corazones de los creyentes (1 Co 16:18). Confortado (gr.*anapepautai*) es la misma palabra usada por Cristo en Mateo 11: 28. *"Venid a mí todos los que estáis trabajados y cargado y yo os haré descansar"*.

El ruego de Pablo a Filemón por Onésimo, Flm 1:8-22

1:8-11 *Por lo cual, aunque tengo mucha libertad en Cristo para mandarte lo que conviene, ⁹más bien te ruego por amor, siendo como soy, Pablo ya anciano, y ahora, además, prisionero de Jesucristo; ¹⁰te ruego por mi hijo Onésimo, a quien engendré en mis prisiones, ¹¹el cual en otro tiempo te fue inútil, pero ahora a ti y a mí nos es útil.*

Pablo con un tono amable hace una apelación por el fugitivo: —*"Por lo cual, aunque tengo mucha libertad en Cristo para mandarte lo que conviene"*. La palabra "libertad" (gr. parresian) también significa "confianza". Éste mismo vocablo se usa en Hebreos 3:6; el ruego del gran Apóstol, precisamente fue eso, una súplica, no una imposición. (es decir, tengo libertad, tengo confianza). Como cualquier padre terrenal tiene el derecho de mandar a sus hijos lo que conviene, Él no se aprovechó de ese empoderamiento apostólico, sino que apeló a la libertad en Cristo que tenía con Filemón.

El ruego de Pablo se basa en el amor: —*"mas te ruego por amor"*. Un ruego sincero, y con amor, que resultó en este caso, algo más eficaz que una orden autoritaria. Queda demostrando de esta manera que el comportamiento de un siervo de Dios, al solicitar un favor a su iglesia, se debe gestionar como un ruego, no como una obligación. —*"siendo como soy, Pablo ya anciano"*, Se cree que para este tiempo el Apóstol Pablo sobrepasaba los sesenta años, ya que se encontraba al final de su primer encarcelamiento en Roma. *"y ahora, además, prisionero de Jesucristo"*. Aparte del amor que sentía, también apeló a que era prisionero de Jesucristo, tratando de esta manera de despertar en Filemón la debida simpatía por su petición.

El verbo **te ruego** (gr. parakalo) se vuelve a repetir en el versículo 10, reiterando su petición: *"por mi hijo Onésimo"*. En este sentido, usa un término afectuoso y común de Pablo para referirse a "los jóvenes" que colaboraban con él y los había ganado para Cristo (1 Tim 1:2 y Tito 1:4). El ruego, como se ve, es por un fugitivo que escapó de su amo y recorrió unos mil seiscientos kilómetros (mil millas) desde Colosas hasta Roma, la capital del Imperio Romano, en donde providencialmente se encontró con Pablo, quien lo **engendró en sus prisiones** y lo tomó como un hijo.

> Aquí ocurre un significativo juego de palabras. El vocablo "Onésimo" significa "útil" (gr. *ajreston*), también "beneficioso". Huyendo de su amo, exponiéndose a un fuerte castigo y tal vez llevándose algunas pertenencias (v.18) y caminando sin Cristo llegó a ser un inútil (gr. *eujreston*). —*"El cual en otro tiempo te fue inútil, pero ahora a ti y a mí nos es útil"*. A partir de su conversión volvió a ser *ajreston*: "útil", tanto para Pablo como para Filemón.

Onésimo, siguiendo los caminos del mundo literalmente llegó a ser un inútil. En esta notable Epístola se ve su vida fracasada, así como su impactante restauración. Se le describe como inútil, como esclavo, como ladrón, como fugitivo y finalmente como un preso. Pero, por la gracia de Dios, ocurrió en él un ascenso, una transformación, pasando a ser hijo, hermano, empoderado por Pablo como hermano amado, un hombre útil, haciendo honor a su nombre: Onésimo, (útil, provechoso, Col 4:9). ¡Así es la sublime gracia de Dios!

1:12-18 *"El cual vuelvo a enviarte; tú, pues, recíbele como a mí mismo. ¹³Yo quisiera retenerle conmigo, para que en lugar tuyo me sirviese en mis prisiones por el evangelio; ¹⁴pero nada quise hacer sin tu consentimiento, para que tu favor no fuese como de necesidad, sino voluntario. ¹⁵Porque quizá para esto se apartó de ti por algún tiempo, para que le recibieses para siempre; ¹⁶no ya como esclavo, sino como más que esclavo, como hermano amado, mayormente para mí, pero cuánto más para ti, tanto en la carne como en el Señor. ¹⁷Así que, si me tienes por compañero, recíbele como a mí mismo. ¹⁸Y si en algo te dañó, o te debe, ponlo a mi cuenta".*

Onésimo, había hecho mal al salirse de la casa de su amo, y había llegado el tiempo de corregir esa falla, por *"el cual vuelvo a enviarte"* Pablo lo envía de regreso con un ruego más: —**"recíbelo como a mí mismo"**,

Las Biblias NTV (Nueva Traducción Viviente) y la NVI (Nueva Versión Internacional) dicen: *"te lo envío de vuelta, y con él va mi propio corazón"*.

Pablo quería que lo tratara bien, con amabilidad, no con la rigidez y frialdad de la ley romana aplicable en esa materia, por la cual a un esclavo fugitivo se le sentenciaba a la crucifixión o bien se le marcaba con un hierro y la letra F de fugitivo, en su frente. Con tal persuasión y manera de pedir las cosas. ¿Filemón se resistiría a complacer a su padre espiritual?

Mucha confianza se ganó Onésimo con Pablo, de manera que él lo quería retener para que le sirviera, colocándolo en el mismo nivel de Filemón. — *"Yo quisiera retenerlo conmigo para que en lugar tuyo* (gr. *huper*: sustitución), *me sirviese en mis prisiones por el evangelio"*.

NOTA INTERESANTE

La Biblia de estudio Ryre (pg. 1240) comenta: "Si Pablo lo hubiera mantenido en Roma, Onésimo podía haber reemplazado a Filemón en el servicio a Pablo. La preposición griega usada aquí, *huper*, claramente significa sustitución, como también en los pasajes que hablan de la muerte de Cristo (por ejemplo 2 Co 5:21; 1 P 3:18)".

El Apóstol Pablo no deseaba que Filemón se sintiera obligado a liberar a Onésimo, para que él lo tuviera a su servicio, —*"pero nada quise hacer si tu consentimiento"*, Pablo no quería que fuera por **necesidad, sino voluntariamente** (gr. *Jekousion*) ya que los dos entendían muy bien la ética del evangelio, es decir, no ser esclavos de los hombres, sino solamente de Cristo. Todo lo que se haga por el Señor Jesucristo no debe de ser de manera forzada, debe realizarse siempre con el mayor amor cristiano.

Las apelaciones de Pablo a favor de Onésimo ante Filemón, en los versículos anteriores, fueron emocionales; pero en esta última intercesión, se dirigen más a un razonamiento fundamentado en las cláusulas de la ley de Moisés sobre la esclavitud —*"porque quizás para esto se apartó por algún tiempo, para que le recibieses para siempre"* buscando que Filemón entendiera el propósito de Dios para su pobre esclavo, originando que a su regreso lo tuviera para siempre, pero ahora por amor, ya no con una horadación en su oreja, producida por una lesna, sino por una "lesna de gratitud". (leer Deuteronomio 15:12-18)

Pablo le regresó a Onésimo a Filemón, ya no como esclavo sino como un hermano; es decir, ya no encajaba la relación amo-esclavo, sino posiblemente, una insinuación a que lo emancipara. En este sentido la pregunta surge: ¿Cómo puede ser mi hermano y al mismo tiempo mi esclavo?, pensando Pablo, tal vez, en la concepción del Antiguo Testamento, en donde los Israelitas no podían tener permanentemente esclavos de entre sus hermanos hebreos, sino que debían ser liberados, según se establecía en Levítico 25:39-46 y Deuteronomio 15:12-18.

Debe decirse que en Colosenses 4:9, también Pablo llama a Onésimo *"amado, mayormente para mí"*. El Apóstol apreciaba mucho al esclavo y así esperaba que Filemón sintiera esa relación: *"cuánto más para ti, tanto en la carne como en el Señor.*

La Biblia NVI (Nueva Versión Internacional) traduce el versículo 16 de una forma muy conmovedora: *"Ya no como a esclavo, sino como algo mejor: como a un hermano querido, muy especial para mí, pero mucho más para ti, como persona y como hermano en el Señor"*

NOTA SOCIOLÓGICA

La Biblia de estudio Ryre (pg. 1240) comenta: "Si Pablo lo hubiera mantenido en Roma, Onésimo podía haber reemplazado a Filemón en el servicio a Pablo. La preposición griega usada aquí, *huper*, claramente significa sustitución, como también en los pasajes que hablan de la muerte de Cristo (por ejemplo 2 Co 5:21; 1 P 3:18)".

La epístola de Filemón trata de soslayo sobre el problema de la esclavitud en el Imperio Romano. Sin embargo, esta carta es un manifiesto, un legado para la eliminación de esta cruel práctica que, al correr del tiempo, gloriosamente, llegó a abolirse en los países del mundo. (para mayor afirmación leer la introducción).

En el tiempo actual, quedaron plasmados los sentimientos del gran Apóstol Pablo en las constituciones de muchos países de occidente. Un ejemplo de ello es la constitución o carta magna de México en la cual, en su artículo primero, párrafo cuarto, dice a la letra: "Está prohibida la esclavitud en los Estados Unidos Mexicanos. Los esclavos del extranjero que entren al territorio nacional alcanzarán, por este solo hecho, su libertad y la protección de las leyes".

La apelación de Pablo es sustitutoria y muy singular, porque coloca a Onésimo en una posición o categoría al nivel del mismo Filemón, —*"así que, si me tienes por compañero, recíbele como a mí mismo"*. En palabras parafraseadas le decía: "si soy tu socio en la predicación del evangelio trata a Onésimo como me tratarías a mí; yo sé que él es un fugitivo, no obstante, ahora es mi hijo, al igual que tú, al cual engendré en mis prisiones"

Según da a entender el texto, cuando Onésimo salió de la casa de Filemón hurtó algo de su propiedad o dañó su patrimonio por el hecho de no trabajar para él por algún tiempo. Eso ameritaba una restitución. —*"Y si en algo te dañó, o te debe, ponlo a mi cuenta"* del griego *elloga*, un término contable. Pablo como un buen negociador se ofrece a pagar cualquier pérdida que le haya ocasionado Onésimo.

NOTA DOCTRINAL

La epístola de Filemón es un escrito personal, sin embargo, el Apóstol de los gentiles introduce conceptos teológicos:

- Salvación: "Lo engendré en mis prisiones" (v.10).
- Sustitución: "Recíbelo como a mí mismo" (v. 17).
- Imputación: "Si algo te debe ponlo a mi cuenta" (v. 18).
- Redención: "Tú mismo te me debes" (v. 19).

La petición de Pablo, de que Filemón ponga en su cuenta la deuda de Onésimo es una bella ilustración de la imputación de nuestros pecados a Cristo, con lo que Dios nos recibe por los méritos de su Hijo (2 Co 5:19-21)

Son conceptos doctrinales que expresan la incomparable Obra redentora.

1:19-22 *¹⁹Yo Pablo lo escribo de mi mano, yo lo pagaré; por no decirte que aun tú mismo te me debes también. ²⁰Sí, hermano, tenga yo algún provecho de ti en el Señor; conforta mi corazón en el Señor. ²¹Te he escrito confiando en tu obediencia, sabiendo que harás aún más de lo que te digo. ²²Prepárame también alojamiento; porque espero que por vuestras oraciones os seré concedido.*

Pablo escribe de su propia mano un pagaré, una promesa, un contrato ciertísimo. Esta carta en términos reales era un contrato legal, la escribió de su puño y letra, en donde se comprometía a resarcir el daño causado a Filemón —*"Yo Pablo lo escribo de mi mano, yo lo pagaré"* no sin antes recordarle *"que aun tú mismo te me debes también"*. Esa deuda, era de índole espiritual, que con todo el oro del mundo Filemón no podría pagar. La salvación de Filemón era fruto del evangelio que Pablo le predicó.

PARA MEDITAR

Cuánta gratitud debe existir en los creyentes, hacia "sus padres en el evangelio". Nada llena de más gozo escuchar a un redimido, diciéndole con gratitud a su evangelizador: —"usted es mi padre en el evangelio" o evangelizadora: —"usted es mi madre en el evangelio". La relación Pablo-Filemón, es un ejemplo de gratitud permanente.

Permítasele al editor general de este Comentario, una referencia personal: "— He escuchado varias veces que algunos de los queridos hermanos que se convirtieron en mi ministerio, me presentan como su "padre en el evangelio" y ante los hermanos que ellos han ganado, me presentan como "su abuelo en el evangelio". Y otro querido pastor siempre me ha presentado como "su suegro", porque su esposa se convirtió en mi predicación". Seguro, que son expresiones que muchos predicadores y evangelizadores han escuchado también.

El ruego, motivo de la Epístola, requería una respuesta afirmativa: *"tenga yo algún provecho de ti en el Señor"*. El resultado a su petición era que Filemón aceptara a Onésimo nuevamente en su hogar, como a un hermano, y ya no como a un esclavo. Para Pablo esto sería un motivo de gran bendición. Asimismo, le solicita *"que conforte su corazón"*, Pablo sabía que Filemón tenía esta "gracia" de confortar los corazones de los hermanos, (v. 7) seguramente lo haría también con él.

El Apóstol tenía la fe de que pronto estaría en libertad, como Onésimo, y así podría visitar a sus amigos. — *"Prepárame también alojamiento; porque espero que por vuestras oraciones os seré concedido"*, añadiendo de esta manera más fuerza a su ruego original. La hospitalidad cristiana era, y sigue siendo una gran virtud. (Romanos 12:13; 1 de Timoteo 3:2). Pablo agradece de antemano las oraciones hechas a favor de él, para que como Onésimo, alcance también su pronta liberación.

Bendiciones finales, Flm 1: 23-25

1:23-25 *²³Te saludan Epafras, mi compañero de prisiones por Cristo Jesús, ²⁴Marcos, Aristarco, Demas y Lucas, mis colaboradores. ²⁵La gracia de nuestro Señor Jesucristo sea con vuestro espíritu. Amén.*

Te saluda Epafras, su nombre significa: "buen mozo", "deseable". Una buena descripción de él, se encuentra en Colosenses 1:7, 4:12-13, en este pasaje se aprecia que era consiervo amado, un fiel ministro de Cristo, un hombre de intercesión, y además que tenía gran solicitud por los de Colosas en donde radicaba Filemón. Si hubiera que añadir algo más a sus características, Pablo también lo ubica como **mi compañero de prisiones por Cristo Jesús.**

En el saludo final, Pablo menciona a **Marcos**, aquel que un día provocó discordia entre él y Bernabé en su primer viaje misionero cuando los abandonó y Pablo ya no quiso incluirlo en su equipo, pero que ahora era un útil colaborador y desde luego distinguido escritor del evangelio que lleva su nombre. (Hechos 13:13; 15:36-41). Se destaca en la lista a **Aristarco,** convertido por Pablo en Tesalónica, y quien lo acompaño en sus viajes misioneros. (Hechos 20:4; 27:2, Colosenses 4:2).

También menciona a **Demas,** el que más tarde se alejó de los caminos del Señor, amando a este mundo. (2 Timoteo 4:11). Y **Lucas,** el médico amado, doctor de profesión, escritor del histórico y didáctico Evangelio que lleva su nombre y del Libro de los Hechos, siempre fiel hasta el final. (2 Timoteo 4:11).

Pablo desea para Filemón, y su familia toda la gracia que Cristo trajo por medio de su muerte, resurrección y ascensión al trono de Dios: *La gracia de nuestro Señor Jesucristo sea con vuestro espíritu. Amén.*

PREGUNTAS DE REAFIRMACIÓN

EPÍSTOLA A LOS EFESIOS

Capítulo 1

PREGUNTAS DEDUCTIVAS

1.- ¿Cuáles fueron las credenciales de Pablo que le daban autoridad para escribir a los efesios?
2.- ¿Por qué Pablo se refiere a los efesios como santos y fieles aun cuando algunos de ellos pudieren tener problemas morales?
3.- Sabiendo que Dios nos ha bendecido con distintos tipos de bendiciones, ¿cuáles son las bendiciones a las que Pablo se refiere y por qué les da a éstas carácter de preeminencia?
4.- Explique el concepto «nos escogió en él antes de la fundación del mundo».
5.- ¿Qué tiene que ver la expresión «habiéndonos predestinado» con el plan salvífico de Dios?
6.- Explique el término «adopción» (usado por Pablo en Efesios 1).
7.- Señale los objetivos de Dios al redimir al hombre mencionados en Efesios capítulo 1.
8.- ¿Es la salvación un compromiso que Dios tenía con el hombre? ¿Qué tiene que ver esto con su soberanía?
9.- ¿Qué significa la palabra «arras» en el versículo 14?
10.- ¿En qué consiste la oración de Pablo contenida en Efesios capítulo 1?

PREGUNTAS INDUCTIVAS

1.- ¿Por qué es importante que un siervo de Dios tenga seguridad de su llamamiento divino?
2.- ¿Por qué Pablo, en la mayoría de sus epístolas se refiere a sus destinatarios como «santos»?
3. ¿A qué se refiere Pablo con la expresión: «En los lugares celestiales en Cristo»?
4. ¿Cómo se debe conciliar la idea de la omnisciencia de Dios con el libre albedrío humano cuando leemos la expresión, «según nos escogió en él antes de la fundación del mundo» (v.4) y «habiéndonos predestinado» (v.5)?
5.- ¿Qué tiene que ver la gloria de Dios con su plan salvífico para la humanidad?
6.- ¿Es la santificación el objetivo de Dios al salvar al hombre o es su consecuencia? ¿o ambos? ¿Por qué?
7.- ¿Por qué la obra expiatoria de Cristo es suficiente para salvar al pecador?
8.- ¿Qué implica el término «reunir todas las cosas en Cristo»?
9.- ¿Dónde termina la voluntad anticipada de Dios para la salvación y dónde comienza la responsabilidad humana?
10.- ¿Cuál es la importancia de cada uno de los elementos de la oración de Pablo contenida en Efesios 1? ¿Por qué estos elementos son esenciales para la vida cristiana?

TRABAJOS OPTATIVOS

1.- Haga un estudio más o menos exhaustivo de todas las bendiciones prometidas por Cristo a sus discípulos.
2.- Haga un análisis del tema de la santidad basado en el capítulo 1 de Efesios.
3.- Examinando algunos versículos claves a través de las Escrituras, haga una monografía del papel individual que juega cada una de las personas de la Divinidad en el plan de salvación del hombre.

Capítulo 2

PREGUNTAS DEDUCTIVAS

1.- Mencione las características que el apóstol Pablo escribe de los efesios antes de su conversión.
2.- ¿Qué es lo que dice Lucas 14:17? ¿Cómo se relaciona esto a lo que dice el apóstol Pablo en Efesios 2:2-3 según el Comentario?
3.- ¿Qué es lo que podemos entender como «la corriente de este mundo»?
4.- ¿En qué sentido los no redimidos son socios del maligno?
5.- ¿Qué significado tiene la resurrección de Cristo para el creyente?
6.- ¿A qué se debe que Pablo hace énfasis en el antes y el después de la experiencia de salvación en un ser humano?
7.- ¿En dónde, dentro de Efesios 2, Pablo hace alusión al carácter escatológico de la obra de Cristo?
8.- ¿Qué relación tiene Efesios 2:11-12 con Juan 1:11-12?
9.- ¿Cuál es la herencia que menciona Pablo tiene la iglesia procedente de los judíos?
10.- Explique el proceso que Pedro tuvo que pasar para entender que los gentiles también eran parte del plan salvífico de Dios.

PREGUNTAS INDUCTIVAS

1.- A qué exactamente el apóstol Pablo de refiere cuando dice que un incrédulo o inconverso está muerto.
2.- ¿Cuáles son los «hijos de desobediencia»?
3.- ¿Qué implica en nuestros días «no seguir la corriente de este mundo»?
4.- Con ejemplos de la vida diaria, ¿cuál es el «mundo» con el que usted lucha actualmente siendo cristiano?
5.- ¿Cómo se concilia la expresión «hijos de ira» con Juan 3:16 (y otros pasajes) en donde podemos ver el amor que Dios tiene para el pecador?
6.- En qué sentido el pecador se opone holísticamente al avance de la verdad del evangelio, aun cuando éste sea considerado «bueno» en el sentido de la moral relativa imperante en el mundo.
7.- ¿Qué tipo de sufrimiento dijo Cristo que sería el costo del discipulado y del cual habla Pablo implícitamente al referirse a que sus seguidores están sentados en los lugares celestiales con Él?
8.- ¿Cómo es que concilia los pasos que el pecador debe dar para alcanzar salvación (p.ej. las obras dignas de arrepentimiento, mencionadas por Pablo también en Hechos 26:20) y la salvación totalmente por gracia (sin obras)?
9.- ¿Qué paralelos podría usted encontrar respecto a las dificultades que existieron entre judíos y gentiles dentro de la iglesia primitiva con lo que existe hoy en el cristianismo en general?
10.- ¿Existe alguna diferencia ante Dios entre los judíos y los gentiles hoy? Si su respuesta es sí, explique; si es no, explique.

TRABAJOS OPTATIVOS

1.- Haga una investigación del término «hijos de Dios» contestando las siguientes preguntas:
a) ¿Quiénes son los hijos de Dios a los que se refieren distintos pasajes de las Escrituras?
b) ¿Cuáles son los privilegios de los hijos de Dios?
c) Cuando una persona se aparta del Señor, ¿pierde su posición como hijo de Dios? Compruebe sus conclusiones con versículos bíblicos.
d) ¿Qué ha pasado con los hijos de Dios que fueron desobedientes en la Biblia?
2.- Gráficamente describa la vida sin Cristo y la vida con Cristo, utilice versículos bíblicos para sus aseveraciones.

3.- Escriba una monografía que explique cuál era el sistema del mundo en cada una de las dispensaciones descritas en las Escrituras, y luego de ello, compare cada una de ellas con el mundo actual.

Capítulo 3

PREGUNTAS DEDUCTIVAS

1.- ¿Qué quiere decir Pablo cuando dice que él es prisionero de Cristo?
2.- ¿Cuál es el misterio al que se refiere el apóstol Pablo en Efesios capítulo 3?
3.- ¿Cómo fue que Pablo aprendió el «misterio de Cristo», al cual se dedicó a predicar durante su vida?
4.- Mencione al menos cinco ejemplos en otros pasajes de los escritos de Pablo en donde él utiliza el término «misterio».
5.- ¿Cuáles son los tres privilegios mencionados por Pablo de los cuales ahora pueden disfrutar los gentiles (vea vv. 3-6)?
6.- Explique la diferencia de enfoque que da el Nuevo Testamento a la palabra «santo» y al que es característico de la iglesia católica.
7.- ¿Por qué no es algo sano un lenguaje tal como «yo declaro» o «yo decreto» en el uso de un ministro del evangelio? aclare esto al tomar en cuenta la autoridad que, como creyentes, hemos recibo del Señor.
8.- ¿Por qué las prisiones de Pablo eran «la gloria de la iglesia»?
9.- ¿Qué quiere decir la expresión «familia en los cielos y en la tierra»?
10.- Cuáles son las tres peticiones que el Apóstol hace a Dios a favor de la iglesia de los efesios?

PREGUNTAS INDUCTIVAS

1.- ¿Cuáles son las implicaciones de ser un siervo de Jesús? ¿Es esto aplicable a todos los creyentes o tan sólo a los que predican la Palabra de Dios ejerciendo alguno de los cinco ministerios? Explique.
2.- Compare la actitud que mostraban los apóstoles al sufrir persecución por causa del Señor con la actitud de los ministros de hoy. ¿Cuáles son las diferencias? ¿Cómo se ve a los ministros que sufren por Cristo ante los ojos de un mundo que ve la prosperidad material y la fama como señales de éxito ministerial?
3.- ¿Cree usted que Dios da a cada siervo de Dios un llamado a predicar sobre un tema en particular y hacer énfasis en éste, o todo predicador debe tan sólo predicar "todo el consejo de Dios" (Hechos 20:27)? Explique.
4.- ¿Cuál es el papel del Espíritu Santo en la revelación del evangelio?
5.- Pablo habla de él mismo y de su ministerio, ¿qué piensa usted de los ministros del evangelio que hablan de esta manera (de sí mismos y de sus ministerios)? Señale las diferencias y cuál es la norma para los ministros de hoy.
6.- Pablo dice que su ministerio es «aclarar a todos...», explique la importancia de explicar el evangelio con claridad sin caer en la omisión de las complejidades de éste con la excusa de la simplicidad.
7.- Pablo da a entender que la iglesia ahora tiene acceso a la sabiduría de Dios por medio de Jesús, si usted fuera un estratega militar, ¿qué importancia clave tiene esto para resultar victoriosos en contra de nuestros enemigos espirituales?
8.- ¿Qué importancia tiene la oración pastoral en favor de su iglesia? ¿Cuáles deben ser las características de esta oración? respalde sus respuestas con versículos bíblicos pertinentes.
9.- Explique las cuatro dimensiones a las que el apóstol Pablo se refiere, y qué tiene que ver esto con el amor de Cristo y la plenitud de Dios en el creyente.
10.- ¿Cuál piensa usted que tiene que ver el bautismo en el Espíritu Santo cuando dice Pablo: «seáis llenos de toda la plenitud de Dios»?

TRABAJOS OPTATIVOS

1.- Haga una investigación respecto al arresto de Pablo en Roma (de donde escribe la epístola a los Efesios), y señale todos los aspectos y detalles circundantes: fechas, lugares, hechos registrados en las Escrituras, los datos aportados por otros escritores de la época, etc.
2.- Escriba una monografía que lleve por título «Las oraciones de Pablo». En ésta analice las oraciones que el Apóstol menciona que hace en favor de las iglesias a las que él escribió.
3.- Analice y realice un escrito de tres cuartillas respecto al papel del Espíritu Santo referido en Efesios 3.

Capítulo 4

PREGUNTAS DEDUCTIVAS

1.- ¿Qué importancia central tenía que Pablo estuviera preso?
2.- ¿A qué se refiere el término «unidad del Espíritu»?
3.- ¿Cuáles son los elementos de unidad mencionados por Pablo en Efesios 4?
4.- ¿Cómo se resuelve la aparente discrepancia entre Efesios 4:8 y su fuente textual en Salmo 68:18?
5.- ¿A dónde va un cristiano cuando muere? ¿Qué diferencia existe entre el destino que tuvieron los hombres y mujeres de Dios antes de Cristo?
6.- ¿Cuál es el fin u objetivo de los cinco ministerios?
7.- ¿Qué tiene que ver la madurez espiritual con llegar a «la estatura de la plenitud de Cristo»?
8.- El crecimiento debe ser dentro de Cristo según Efesios 4:15, ¿qué relación tiene esto con Juan 15:1-17 y el requisito indispensable de santidad que todo cristiano debe llenar para tener parte con Cristo (Heb 12:14)?
9.- Mencione tres ejemplos en donde el apóstol Pablo condiciona la salvación a la evidencia de una vida de fruto cristiano.
10.- ¿Cuál es la manera en que los cristianos perdonan a sus ofensores? (v.32).

PREGUNTAS INDUCTIVAS

1.- ¿Cree usted que los milagros tan solo son necesarios para la conversión de los paganos? Si la respuesta es negativa, compruebe con respaldo bíblico.
2.- Siendo que Pablo estaba preso físicamente en una prisión romana, ¿a qué se refiere exactamente al decir «yo, preso en el Señor»?
3.- ¿Por qué la muestra de las cualidades cristianas de la humildad, la mansedumbre, la paciencia y el amor son tan necesarias especialmente en una sociedad marcadamente heterogénea?
4.- Siendo que el Nuevo Testamento enseña la existencia de varios bautismos ¿Por qué cree usted que Pablo dice «un bautismo»?
5.- Siendo que Dios ha dado a cada uno los dones que Él ha querido, ¿qué papel desempeña la oración para que éstos sean derramados en la iglesia?
6.- ¿Cómo puede probar que Cristo bajó para trasladar las almas piadosas muertas al cielo? ¿Cómo concilia esto con el pasaje de 1 Pedro 3:18-20?
7.- ¿Qué papel central tiene el bautismo en el Espíritu Santo en el ejercicio de los cinco ministerios? ¿Por qué es indispensable que todo aquel que ejerce un ministerio ante Dios debe ser santo?
8.- ¿En qué sentido se dice que los santos necesitan ser perfeccionados? Vaya al lexicón para ver el significado exacto de esta palabra y explíquelo a la luz de Hebreos 5:9 en donde se habla de que Cristo mismo necesitaba ser perfeccionado.
9.- Señale las áreas en donde el cristiano debe estar siempre creciendo.
10.- Explique el término «despojarse del viejo hombre».

TRABAJOS OPTATIVOS

1.- Haga una monografía respecto a la historia bíblica de los presos piadosos. Compare cada uno de ellos desde distintos puntos de vista y genere sus propias conclusiones.
2.- Investigue respecto a los términos «hades», «seol», «paraíso», «seno de Abraham», «infierno» y «cielo».
3.- Examine a través de la historia de la Iglesia la importancia de los cinco ministerios y su impacto en los avivamientos y en la riqueza espiritual que la iglesia tiene hoy. También señale la vacancia de estos ministerios en la cristiandad de nuestros días.

Capítulo 5

PREGUNTAS DEDUCTIVAS

1.- ¿Qué implica la frase «sed imitadores de Dios»? (v.1)

2.- ¿Por qué al cristiano se le ordena a no mencionar ni a conversar en relación a la fornicación, a toda inmundicia o al amor al dinero (avaricia)?
3.- ¿De qué manera es distinto el juicio de Dios aplicado sobre los incrédulos que el aplicado con sus hijos?
4.- ¿Cómo el cristiano comprueba lo que es agradable al Señor?
5.- ¿Cuáles son las ordenes de Dios (mediante el Apóstol) que usted puede observar en Efesios 5:6-11?
6.- ¿Qué es lo que tiene que ver el hecho de que la luz de Dios lo manifiesta todo con la exhortación a levantarse de los muertos?
7.- ¿Qué es lo que quiere decir Pablo con «porque los días son malos»?
8.- ¿Cuál es la naturaleza de los cánticos que hemos de elevar a Dios según Efesios 5:19? ¿Cuál es la actitud inherente a fin de que sean agradable a Dios?
9.- ¿De qué manera específica dice el Apóstol que deben las esposas sujetarse a sus maridos?
10.- ¿Cuál es la premisa presentada por Pablo en Efesios 5:29 en donde descansa la razón porque el amor deba imperar en la unión matrimonial?

PREGUNTAS INDUCTIVAS

1.- ¿En qué sentido el cristiano debe de «entregarse» a los demás como Cristo mismo se entregó?
2.- Defina ampliamente las palabras fornicario, inmundo, avaro e idólatra mencionadas por Pablo para definir a personas que no entrarán al cielo, aplique esto a su vida personal.
3.- ¿Tiene Dios hijos desobedientes? ¿Qué dice el texto bíblico que sucede con los que viven en desobediencia? (v.5).
4.- ¿Cómo es que usted ha comprobado que antes andaba en tinieblas más ahora en luz? (Conteste esta pregunta con su testimonio personal). ¿Cómo es que esto es visto en nuestros días como una falta de respeto social?
5.- ¿Qué tiene que ver la actitud pasiva con la pecaminosidad?
6.- ¿Qué entiende usted por «aprovechar el tiempo»?
7.- ¿De qué maneras se asemeja la embriaguez con el vino físico con la llenura del Espíritu Santo? ¿Qué contrastes se señalan?
8.- ¿Qué diferencia existe respecto a la autoridad que el marido debe sustentar en el hogar y la idea mundana del machismo?
9.- ¿Señale varias implicaciones envueltas en la explicación de Efesios 5:30? por ejemplo, ¿Qué implicación tiene este versículo con la sanidad divina?
10.- ¿Por qué el apóstol Pablo llama «un gran misterio» a la unión matrimonial?

TRABAJOS OPTATIVOS

1.- Encuentre las listas de pecados que se mencionan en el Nuevo Testamento y trate de definir cada una de esas palabras usando un lexicón.
2.- Escriba una monografía en relación a cómo los cristianos podrían estar participando en la corriente pecaminosa del mundo de una manera sutil. Utilice ejemplos concretos e investigue sobre casos que le sirvan de soporte. Contraste estos comportamientos con lo que dice la Biblia al respecto.
3.- Haga un estudio exhaustivo de la diligencia en relación con la santidad en la Biblia. Utilice ejemplos bíblicos para sustentar sus conclusiones.

Capítulo 6

PREGUNTAS DEDUCTIVAS

1.- ¿Por qué es justo obedecer a los padres?
2.- ¿Qué significa la palabra «honrar» en el quinto mandamiento?
3.- Explique la importancia de la amonestación en la educación de los hijos, comente el pasaje paralelo de 1 Samuel 3:13.
4.- ¿Qué dice la Biblia respecto a los que no castigan a sus hijos en las etapas tempranas de su vida toda vez que sea necesario?

5.- ¿Cuáles son las actitudes que la Escritura ordena se tengan al obedecer a los amos terrenales (hoy, a los empleadores)?
6.- ¿Qué implicaciones tiene la frase «fortaleceos en el Señor y en el poder de su fuerza»?
7.- ¿Qué quiere decir el apóstol Pablo cuando dice que nuestra lucha es espiritual? Explique.
8.- Explique la expresión «la espada del Espíritu». Haga un comparativo exacto de los detalles de una espada.
9.- ¿Cuál es el papel de la oración en la lucha que el cristiano libra contra sus enemigos espirituales?
10.- ¿Por qué es importante orar por los siervos de Dios? (vv. 18-20).

PREGUNTAS INDUCTIVAS

1.- ¿Tiene alguna condicionante la orden de obedecer a los padres en Efesios 6:1? ¿Se debería obedecer sin importar el tipo de orden que sea dado?
2.- ¿Por qué la obediencia y la honra que se debe a los padres es algo tan fundamental que está incluido en los diez mandamientos?
3.- Con ayuda de un lexicón, analice el significado de las palabras «en disciplina» (gr. en *paideia*), «amonestación» (gr. *nouthesia*).
4.- ¿Qué significado tiene para usted la orden de Dios de no provocar a ira a los hijos? Mencione ejemplos prácticos.
5.- ¿Qué opina usted respecto a los padres que dejan a sus hijos en las guarderías? ¿Qué repercusiones tiene no obedecer el mandamiento del Señor respecto a la crianza de los hijos?
6.- Analice la palabra «artimaña» en el original griego y explique cómo esta palabra se relaciones tan íntimamente con el diablo.
7.- Mencione los cuatro tipos de enemigos espirituales que menciona el apóstol Pablo, y trate de definir cada uno de ellos.
8.- ¿Cómo exactamente es que la fe sirve para disolver los argumentos del diablo? Haga una explicación bíblica al respecto.
9.- Al mencionar el yelmo de la salvación se hace alusión a los pensamientos. ¿Cuál es el pensamiento que un cristiano muestra y qué relación tiene esto con la salvación (no sólo de él mismo sino de aquellos que tiene a su alrededor)?
10.- ¿Qué relación tiene el bautismo en el Espíritu Santo con todo lo que Pablo menciona en Efesios 6:10-20?

TRABAJOS OPTATIVOS

1.- Investigue cuáles han sido los factores que han producido cambio en los roles de la familia tradicional y sus repercusiones en la desintegración de ésta y el avivamiento de vicios y prácticas reprobadas en la sociedad.
2.- Haga una monografía que exponga el tema de la esclavitud y sus aspectos éticos y políticos en la historia de la humanidad a la luz de las Escrituras (tanto del Antiguo como del Nuevo Testamento).
3.- Examine los eventos que tenemos registrados en el Libro de los Hechos respecto al ministerio de Pablo y haga un comparativo de cómo él mismo se vistió de la armadura del cristiano en cada situación.

EPÍSTOLA A LOS FILIPENSES

Capítulo 1

PREGUNTAS DEDUCTIVAS

1.- ¿Qué significa literalmente la palabra traducida como "siervo"? ¿Por qué Pablo se presenta de esa manera?
2.- Explique los términos "obispos" y "ancianos" entre las distintas denominaciones cristianas.
3.- ¿En qué se diferencia la epístola a los Filipenses de otras epístolas escritas por Pablo?
4.- ¿De qué manera explica el Comentario el significado de la palabra "persuadido" en Fil 1:6?
5.- ¿Qué era el pretorio?

6.- ¿Cuál es el problema que Pablo denuncia que había entre los ministros del evangelio?
7.- Pablo dice que quedar en la carne sería de provecho para la iglesia, ¿a qué iglesia se refería? ¿Qué fue lo que hizo realidad este dicho?
8.- ¿A qué ganancia se refiere Pablo en Fil 1:21?
9.- ¿Qué era algo que hacía a los filipenses personas más bendecidas en comparación a otros habitantes del Imperio romano?
10.- ¿Qué versículos y qué palabras de Cristo son la base para la enseñanza de Pablo respecto al sufrimiento por el nombre del Señor?

PREGUNTAS INDUCTIVAS

1.- ¿Por qué cree usted que Pablo habla de sí mismo como el esclavo de más baja categoría cuando se describe como "siervo de Jesucristo"?
2.- Pablo se dirige a los filipenses con el término "santos", ¿cómo contrasta esto con una parte de la doctrina calvinista?
3. ¿Qué es lo que los cristianos podemos aprender del Apóstol cuando dice: "mis prisiones han sido patentes en Cristo en todo el pretorio"?
4. ¿En qué sentido las prisiones de Cristo se parecen a las de Pablo?
5.- ¿Por qué las prisiones de Pablo, en lugar de sembrar temor en los hermanos para hablar de Cristo resultaban, según Pablo, en lo contrario?
6.- ¿De qué manera el problema que denuncia Pablo que había entre los ministros del evangelio en sus días se parece a los que tenemos nosotros hoy?
7.- ¿De qué manera se contrasta el pensamiento de Pablo en cuanto al tema de la muerte con los tibios espiritualmente?
8.- ¿Cuáles eran, según el comentario, las anclas de la seguridad de Pablo que le hacen afirmar que estar con Cristo es mucho mejor? ¿Qué experiencias ha tenido usted que lo hacen decir lo mismo?
9.- ¿Por qué Pablo anima a los filipenses a sufrir por Cristo de ser necesario?
10.- ¿Cómo podría usted saber si un cristiano realmente está listo para perder su vida por la causa de Cristo?

Trabajos optativos

1.- Haga una investigación respecto a la manera en que funcionaba el sistema penitenciario en el Imperio romano en los tiempos de Pablo.
2.- Haga un cuadro comparativo entre los sufrimientos que sufrió Cristo y los que sufrió el Apóstol.
3.- Investigue y haga una monografía respecto al tema del sufrimiento en la teología paulina.

Capítulo 2

PREGUNTAS DEDUCTIVAS

1.- ¿Cuáles son los "si hay/alguno(a)" de Pablo en Fil 2:1-2?
2.- ¿Cuáles son las prácticas que los cristianos deben fomentar para producir unidad entre ellos?
3.- ¿Qué relación tiene la humildad con la unidad de los creyentes?
4.- ¿Por qué el individualismo, la vanagloria y el egocentrismo son obstáculos para la obra de Dios?
5.- ¿De qué manera el pasaje de Fil 2:5-11 afirma la divinidad del Señor Jesucristo?
6.- Escriba dos pasajes del NT paralelos a lo escrito por Pablo en Fil 2:6 mencionados en el Comentario.
7.- ¿Cuáles fueron las maneras en que Cristo demostró su humildad?
8.- ¿Cómo explica el Comentario la frase de Fil 2:12?
9.- ¿En qué se destacaba Timoteo en comparación con los otros colaboradores de Pablo?
10.- ¿Quién era Epafrodito? ¿Qué fue lo que hizo por Pablo?

PREGUNTAS INDUCTIVAS

1.- ¿Cuál es el resultado de las condiciones que formula el Apóstol en Fil 2:1-2? ¿Por qué se producen tales resultados?

2.- ¿Cómo describe usted la unidad? ¿Cómo un requisito o como un resultado? Explique.

3.- Partiendo de la definición que provee el Comentario para la palabra humildad, ¿qué ejemplos podría mencionar usted que confirman la exactitud de esa definición?

4.- ¿De qué manera se explica teológicamente la encarnación de Cristo con su naturaleza divina? (Vea el Comentario).

5.- ¿Por qué la unión hipostática era necesaria para la salvación? Explique.

6.- ¿En qué consiste la exaltación de Jesús? ¿Cómo concilia esta exaltación con la divinidad de Cristo?

7.- ¿Qué tiene que ver el temor de Dios en nuestra salvación?

8.- ¿Qué importancia tiene para usted discipular a otros ministros del evangelio, tal como fue el caso de Pablo con Timoteo? Explique.

9.- ¿Conoce de alguna persona que desarrolle un ministerio similar al de Epafrodito? ¿Por qué piensa que estos ministerios son tan escasos en nuestros días?

TRABAJOS OPTATIVOS

1.- Haga una monografía respecto al tema de la humildad y la arrogancia entre los líderes mencionados en la Biblia y sus consecuencias.

2.- Haga un escrito que analice el tema de la divinidad de Jesucristo y de la unión hipostática tomando como base Filipenses 2.

3.- Haga una investigación más exhaustiva respecto al ministerio de Timoteo y de Epafrodito.

Capítulo 3

PREGUNTAS DEDUCTIVAS

1.- ¿Qué es lo que el comentarista deduce que debería ser una gran causa de gozo para los filipenses (algo que Pablo les había comunicado en el capítulo anterior)?

2.- ¿Por qué Pablo se dirige a los judaizantes como *perros*? ¿Qué raíces culturales tiene esta expresión? ¿Cómo se contrasta en nuestros días?

3.- ¿Cuál es la verdadera circuncisión en palabras de Pablo?

4.- ¿Qué es lo que Pablo revela de su propia vida y experiencia en cuanto a su trasfondo judío?

5.- ¿En qué sentido las cosas que había dejado fueron un intercambio por algo mucho mejor? (Explique según el Comentario).

6.- ¿Qué verdad doctrinal encierra Fil 3:9?

7.- ¿Cuál es el significado de las palabras de Pablo "ni que ya sea perfecto"? ¿Qué tiene que ver esto con la vida cristiana ejemplificada como una carrera?

8.- ¿Cuáles son, según el comentarista, cinco requisitos de la madurez espiritual?

9.- Escriba y diga de memoria los tres lineamientos mencionados por el comentarista al comentar Fil 3:17.

10.- Pablo nos da luz respecto a la resurrección, y como seremos cuando se presente. Mencione los puntos señalados en el Comentario.

PREGUNTAS INDUCTIVAS

1.- ¿Cree usted que la falta de gozo es un pecado? ¿Puede un verdadero cristiano carecer de gozo en cierto momento de su vida? Explique con bases bíblicas.

2.- Pablo utiliza la expresión "mutiladores del cuerpo" ¿Qué aplicación podría tener esta expresión en nuestros días?

3.- Los judíos conversos establecían la circuncisión como un requisito para la salvación, ¿qué similitud tiene esta enseñanza con las doctrinas falsas de hoy?

4.- En una ocasión Jesús le dijo a un joven rico que dejara todo por Él, ¿qué significa para usted este "dejar todo" en su propia experiencia personal?

5.- ¿Qué significa para usted participar de los padecimientos de Cristo? ¿Cree que esto tiene aplicación en nuestros días? (Explique).
6.- Haga una aplicación de las tres cosas mencionadas por Pablo como necesarias para alcanzar la meta en Fil 3:13-14.
7.- Cuales cosas en su vida son las cosas que podrían desviar su mirada de Cristo, sea sincero en su respuesta y escríbala (no es necesario que lo diga en público).
8.- ¿Cuál es el énfasis que se da en nuestros días a la madurez espiritual? ¿Por qué piensa que este énfasis es insuficiente?
9.- ¿Por qué piensa usted que aquellos cristianos que se han vuelto del camino, pero que continúan asistiendo a la iglesia, son los lobos rapaces más peligrosos? (Lea el comentario de Fil 3:18).
10.- ¿Cómo la información dada por Pablo respecto a la resurrección llena su vida de esperanza? ¿Qué contrastes son evidentes en relación con la vida presente?

TRABAJOS OPTATIVOS

1.- Haga una biografía del apóstol Pablo con los detalles que se encuentran de él en el NT.
2.- Escriba una monografía con el título: ¿Quiénes eran los judaizantes?
3.- Haga un estudio exhaustivo de la palabra "perfecto" a través de la Biblia, y su significado en cada contexto.

Capítulo 4

PREGUNTAS DEDUCTIVAS

1.- ¿Cuáles son las seis expresiones del apóstol Pablo dirigidas a los filipenses? ¿Son solo expresiones halagüeñas?
2.- Siendo que Pablo no exhorta a los filipenses respecto a ningún problema grave, ¿cuál es detalle que menciona respecto a la conducta que deben corregir? (vea el Comentario).
3.- ¿Qué anotación importante señala el Comentario respecto a Fil 4:3?
4.- ¿Cómo comienza el gozo del cristiano según el Comentario? ¿Con qué se alimenta?
5.- ¿Cómo es que debe conocerse el cristiano según Fil 4:5?
6.- ¿Qué es lo que el comentarista recomienda hacer cuando tengamos una necesidad personal?
7.- ¿Cuáles son las ocho cosas que ordena Pablo en Fil 4:8-9 a fin de obtener la bendición de la paz?
8.- ¿Cuáles son tres órdenes dadas en la Palabra de Dios —señaladas por el Comentario— respecto a los ministros de la Palabra?
9.- ¿Qué versículo paralelo encuentra el Comentario con el de Fil 4:13? ¿Qué similitudes encuentra en ambos?
10.- Relate la historia incluida en el Comentario para ejemplificar lo dicho por Pablo respecto a Epafrodito (quien expuso su vida para servir a Pablo).

PREGUNTAS INDUCTIVAS

1.- ¿Cómo es que una persona puede ser llamada "corona"? ¿En qué otros pasajes de la Biblia las personas son consideradas coronas?
2.- ¿Cuál es un tema central en la oración intercesora de Cristo en Juan 17? ¿Por qué este es un tema central?
3.- ¿Por qué piensa usted que Pablo tiene tanta certeza al afirmar que los nombres de sus colaboradores están escritos en el libro de la vida?
4.- Dadas las condiciones en que Pablo en ese momento se encontraba, ¿cuál era la razón por la que él estaba gozoso y por qué ordena a los filipenses a sentirse de igual modo?
5.- ¿Cómo concilia la orden de Pablo de que la gentileza del cristiano sea conocida con las palabras de Cristo en el Sermón del monte "no sepa tu izquierda lo que hace tu derecha"?
6.- ¿Cómo cree usted que se debe balancear la orden de Dios en los evangelios y en Fil 4 de mantener una vida sin preocupaciones y el cumplimiento de nuestras responsabilidades personales y familiares?
7.- Escriba dos o tres ejemplos para cada una de las cosas en que el cristiano debe pensar según Fil 4:8-9.
8.- Trate de explicar aquello que es relativo al fruto del Espíritu y aquello que "se aprende" (de acuerdo al pensamiento del Apóstol), y esto en relación con las cosas materiales y el dinero.

9.- ¿Qué opina sobre el abuso que el pueblo cristiano ha dado al pasaje de Fil 4:13? ¿Cuál es su verdadero sentido dado el contexto?

10.- Pablo dice por el Espíritu una gran promesa: que Dios suplirá al cristiano de todo cuando le falte, ¿qué aplicación tiene esta promesa a las necesidades de los cristianos en nuestros días? (que su respuesta incluya todas las áreas de necesidad humana).

Trabajos optativos

1.- Haga una monografía que hable sobre la salud mental tomando como base los pasajes bíblicos que hablen sobre ello.

2.- Haga un escrito en donde relate aquellos personajes bíblicos que arriesgaron sus vidas a fin de agradar a Dios.

3.- Analice lo que podría haber sido la vida financiera de Pablo y sus necesidades como persona e inherentes a su ministerio.

EPÍSTOLA A LOS COLOSENSES

Capítulo 1

PREGUNTAS DEDUCTIVAS

1.- ¿Qué diferencia encuentra el comentarista en el saludo introductorio de Pablo de su carta a los Colosenses en referencia a su vida pasada?

2.- ¿Cuáles dos ingredientes son indispensables —según el Comentario— para tener la respuesta de Dios a nuestras oraciones?

3.- ¿Pablo conocía personalmente a los colosenses? Si/No, ¿qué distintivos de familiaridad se denotan en el pasaje?

4.- ¿Cuál era la oración de Pablo por los colosenses? ¿Cuál era la razón por la que Pablo oraba de esa manera?

5.- ¿Cuáles son las cuatro grandes oraciones intercesoras de Pablo escritas en sus cartas?

6.- ¿Cuáles son las cuatro decisiones fundamentales que deben ser la meta en la vida de cada creyente?

7.- ¿Cuáles son las dos virtudes indispensables que según el Comentario son indispensables para andar con Cristo?

8.- ¿Cuál es la definición de gozo que aporta el Comentario?

9.- ¿Qué explicación dan al texto de Col 1:15 los testigos de Jehová, y cuál los cristianos?

10.- ¿Qué versículos de Col 1 presentan a Jesucristo como el Creador? Explique.

PREGUNTAS INDUCTIVAS

1.- ¿Cuáles son las diferencias de comportamiento que adopta un hombre o mujer que ha abrazado la fe cristiana con el que aún no lo ha hecho? ¿Por qué?

2.- ¿Cuál es la esperanza que está guardada en los cielos para los hijos de Dios que viven en santidad? ¿Por qué cree usted que Pablo utiliza la frase "que os está guardad en los cielos" al hablar de esa esperanza?

3. ¿Puede un cristiano que nunca hemos visto convertirse en muy amado? Mencione casos en los que esto le ha sucedido.

4. ¿Cuáles son las diferencias que encuentra usted entre la sabiduría del mundo y la sabiduría de Dios?

5.- ¿Cuál es el método que usted utiliza en su vida diaria para conocer la voluntad de Dios? ¿Por qué?

6.- ¿Cuáles son sus metas personales como cristiano? Sea específico.

7.- ¿En qué sentido la vida del cristiano no puede ser posible sin el poder sobrenatural de Dios?

8.- ¿Cuál es la razón principal por la que un cristiano, independientemente de su situación, es capaz de manifestar el gozo de Dios? ¿Siente usted ese gozo todos los días? (haga un comentario personal al respecto)

9.- ¿Por qué es tan importante que Jesucristo sea Dios para nuestra salvación?

10.- ¿Qué es lo que usted puede aprender respecto a la obediencia de Cristo al Padre en su vida diaria?

TRABAJOS OPTATIVOS

1.- Haga un estudio pormenorizado de las oraciones de Pablo en sus cartas.
2.- Investigue y presente una monografía respecto a la relación que Cristo tiene con su Iglesia, y de la importancia de la santa cena.
3.- Haga una presentación PowerPoint con el tema de la divinidad de Cristo y de su importancia en nuestra salvación.

Capítulo 2

PREGUNTAS DEDUCTIVAS

1.- Haga una explicación detallada el término *parakalein*.
2.- ¿A quiénes podría estar haciendo alusión Pablo cuando dice que en Cristo están escondidos todos los tesoros de la sabiduría y del conocimiento? ¿Por qué esta frase pulveriza los argumentos de tales personas?
3.- ¿Por qué probablemente el Espíritu Santo no le permitió a Pablo ir a Colosas? ¿Qué bendición nos trajo eso?
4.- ¿Qué frase en Col 2 recalcan tanto la humanidad como la deidad de Cristo?
5. ¿Qué peligros encierra el humanismo secular según el Comentario?
6. ¿Qué infiere la palabra griega *sylagóguein*?
7. ¿Qué enseña el gnosticismo? ¿Por qué es contrario al cristianismo?
8. ¿Qué diferencia de estrategia estaban utilizando los judaizantes para convencer a los colosenses a circuncidarse en comparación con los de Galacia?
9. ¿Qué práctica cristiana podría tener comparativo con la circuncisión? ¿Qué importancia tiene esta práctica cristiana?
10. Mencione la explicación que el Comentario hace a la palabra griega *exaleifein*.

PREGUNTAS INDUCTIVAS

1. ¿Por qué es tan importante para el pastor la labor de consolar y exhortar?
2. Haga su propio comentario del comentario de W. Barclay respecto a los gnósticos.
3. ¿Cómo es que Pablo podría estar *en espíritu* con los Colosenses? ¿Alguien podría utilizar esta frase para dar explicación a una falsa doctrina? Explique.
4. ¿Cómo es que las cuatro características que da el Comentario para las personas maduras encuentran aplicación en su vida personal?
5. ¿De qué manera encuentra usted que se ha introducido sutilmente el humanismo secular en la Iglesia de hoy?
6. ¿Por qué piensa usted que es necesario en algunas ocasiones utilizar términos duros para denotar verdades espirituales y exhortaciones?
7. Mencione algunas corrientes heréticas referidas en el comentario. ¿Qué consecuencias prácticas encuentra en creer semejantes cosas?
8. ¿Es buena la circuncisión para los cristianos? ¿Qué peligros doctrinales encuentra usted en esta práctica?
9. ¿Cuáles son las tres fuerzas vencidas por Cristo con su muerte? ¿En qué consiste el despojo de estas fuerzas?
10. En los tiempos de Pablo, muchos de los que sembraban doctrinas falsas eran judíos, ¿de qué manera el avivamiento de las raíces hebreas ha estado minando la doctrina de la Iglesia contemporánea? Explique.

TRABAJOS OPTATIVOS

1. Haga un recorrido bíblico de la práctica de la circuncisión.
2. Realice una monografía en donde explique los pasajes del NT que hablan sobre el bautismo.
3. Escriba una monografía de las doctrinas heréticas de las raíces hebreas cuyo avivamiento ha tenido lugar en nuestros días.

Capítulo 3

PREGUNTAS DEDUCTIVAS

1. ¿Qué significa el término "resucitados con Cristo"? (Responda según el Comentario).
2. ¿Cuáles son los pasajes en donde se menciona que Jesús está a la diestra del Padre? ¿Qué importancia tiene esto?
3. ¿Cuáles son las tres consideraciones que extracta el Comentario para la frase "porque habéis muerto, y vuestra vida está escondida con Cristo en Dios"?
4. Defina cada una de las palabras de las dos listas de Pablo en Col 3.
5. ¿Qué significa específicamente el término "despojarse del viejo hombre"?
6. ¿Quiénes eran los *escitas*?
7. ¿Cuáles fueron los tres términos que Pablo usa para dirigirse a los gentiles que antes fueron utilizados exclusivamente para Israel?
8. ¿Cómo fue que el cristianismo trajo misericordia al mundo? (Explique lo escrito en el comentario).
9. ¿En qué se diferencia la humildad con el servilismo del mundo?
10. ¿Qué significa el término "la paz de Dios gobierne en vuestros corazones"?

PREGUNTAS INDUCTIVAS

1. El Comentario dice que la concentración en Cristo no viene de manera automática. ¿A qué piensa que se refiere esto? ¿Cuál es la labor del Espíritu Santo en este sentido?
2. ¿De qué manera considera que las decisiones pequeñas que realiza cada día pueden tener una trascendencia eterna? Explique.
3. ¿Cómo es posible que la vida suya esté completamente unida a Cristo? Sea concreto en sus respuestas.
4. ¿De qué manera el pecado de avaricia podría estar presente en los cristianos que han prosperado económicamente?
5. ¿Cuáles son las dificultades que usted enfrenta para despojarse del viejo hombre/mujer?
6. Explique cómo el cristianismo derribó las barreras raciales y sociales.
7. ¿Por qué considera usted que son tan importantes para Dios las relaciones personales?
8. ¿Qué contraste encuentra usted de la misericordia con la avaricia? (Presente ejemplos).
9. ¿Cómo piensa usted que la humildad era vista en los tiempos de Cristo y de los apóstoles?
10. ¿Qué aplicación da usted a los versículos 16 y 17 de Col 3?

TRABAJOS OPTATIVOS

1. Haga una monografía respecto a la importancia de los cánticos espirituales.
2. Describa en un escrito de varias páginas el significado más profundo de las palabras catalogadas como pecados en Colosenses 3.
3. Realice un escrito en donde dé explicación a Colosenses 3:18-25, y de cómo este pasaje se podría considerar una guía para la familia cristiana.

EPÍSTOLA A FILEMÓN

Capítulo 1

PREGUNTAS DEDUCTIVAS

1. ¿Quién era Filemón?
2. ¿Dónde eran normalmente las reuniones de los hermanos en la época cuando esta carta fue escrita?
3. Al leer la carta de Filemón, ¿qué es lo que hace evidente que este era un fiel discípulo de Cristo?
4. ¿Qué tienen en común Flm 1:7 y Mat 11:28?

5. ¿Qué significado tiene la expresión "tengo libertad en Cristo para mandarte lo que conviene"?
6. ¿Cuál fue la manera en que Pablo hace una petición a Filemón?
7. ¿Qué tan lejos se encontraba Onésimo de su amo?
8. ¿Qué tiene que ver el nombre de Onésimo con la expresión "el cual en otro tiempo te fue inútil, pero ahora a ti y a mí nos es útil" (v. 11)?
9. ¿En qué sentido Pablo estaba poniendo a Onésimo en el lugar de su amo?
10. ¿Cuál es la ética del evangelio con respecto a los esclavos, la cual Pablo implica en el vv. 13-14?

PREGUNTAS INDUCTIVAS

1. ¿Qué opinión tiene sobre la posibilidad de que Filemón tuviera otros esclavos aparte de Onésimo siendo cristiano?
2. ¿Qué ventajas y desventajas tiene reunirse en un templo en comparación de en una casa?
3. ¿Cómo Pablo podría estar tan seguro de que Filemón era un fiel discípulo de Cristo si no era testigo de la vida que llevaba en ese momento?
4. ¿Es posible que los cristianos hoy en día tomen el lugar de Cristo para confortar y hacer descansar a la humanidad? (Explique).
5. ¿Qué tipo de autoridad tienen los pastores hoy en día con sus rebaños y qué diferencias encuentra con la autoridad que era ejercida en los tiempos apostólicos?
6. ¿Cuál debe ser la manera en que las personas que tiene autoridad eclesiástica deben ejercerla? ¿Cuál es el elemento clave en ello?
7. ¿Por qué dice Pablo que Onésimo le era útil?
8. ¿Puede mencionar algún ejemplo personal de alguna persona (o de usted mismo) de cómo el Señor hace útiles a los que antes fueron inútiles?
9. Explique cuál es la diferencia entre igualdad en Cristo y la autoridad que debe ejercerse tanto en la familia como en la iglesia.
10. ¿Cómo concilia usted la idea de restitución —inherente al verdadero arrepentimiento— y lo que Pablo dice: "Y si en algo te dañó, o te debe, ponlo a mi cuenta"? (v.17).

TRABAJOS OPTATIVOS

1. Realice una investigación sobre las normas de las buenas maneras en las relaciones humanas que utiliza Pablo en su carta a Filemón.

2. Haga un análisis de la manera en que Pablo escribe esta carta personal y escriba un paralelo entre sus hallazgos y las enseñanzas modernas sobre relaciones humanas.

3. Si Onésimo era un fugitivo y había hecho mal a su amo cristiano, ¿por qué Pablo le manda a Filemón (quien es el agraviado) hacerte tanto bien? Haga un análisis de las enseñanzas del Antiguo Testamento sobre el tratamiento de los esclavos y lo que enseña Cristo en los evangelios.

www.ingramcontent.com/pod-product-compliance
Lightning Source LLC
Chambersburg PA
CBHW081449070526
44586CB00019B/2282